Román Rubio

Adonde el viento nos llevó

SEGUNDA EDICIÓN

GRÜNERLØKKA EDICIONES

Segunda edición: junio 2018

ÍNDICE

PRÓLOGO

Escarlata O'Hara no era bella, pero eso era algo de lo que los hombres no solían darse cuenta hasta caer inmersos en sus encantos...

MARGARET MITCHEL

Lo que el viento se llevó (1936)

— Rhett, si te vas, ¿a dónde iré yo? ¿Qué haré?

— Francamente, querida, me importa un bledo.

Escarlata O'Hara, desesperada, se propone a sí misma dejar de pensar en recuperar a Rhett Butler hasta el día siguiente para no caer en la locura. Y entonces, dramáticamente recostada en la gran escalera, entre llantos y lamentos, se le ocurre: Tara, sus raíces, su casa, su consuelo; y tiene la gran revelación: «*After all, tomorrow is another day*» (al fin y al cabo, mañana será otro día), y empieza a refulgir una nueva luz en su cara al tiempo que una nueva Escarlata comienza a renacer. ¿Qué diablos?, ¿acaso mañana no volverá a salir el sol? Y, ¿no hemos salido de otras mucho peores? Pues, adelante.

El viento se había llevado tantas cosas... La vida regalada de los propietarios de las grandes haciendas del Sur facilitada por sus fieles esclavos negros, los elegantes bailes y festejos de alterne entre hacendados con sus amoríos, alianzas y pequeñas frustraciones, la seguridad del mullido entorno familiar... y el respeto por los viejos valores. En definitiva, el viejo orden, que devino, tras la feroz guerra y las hambrunas y sufrimientos consiguientes, en un futuro enormemente incierto. La vida sin Rhett (si es que no llegaba a recuperarlo) no podía ser un obstáculo infranqueable para un ser esforzado e indómito como Escarlata, que había jurado, poniendo a Dios por testigo, que no volvería a pasar hambre y había sido capaz de salir delante, de manera solvente, a pesar de la guerra y las convulsiones. ¿Qué podría ocurrir de ahora en adelante que ella no hubiera visto y superado? De ahí, su inspirador «mañana será otro día».

Otros, escritores como Stefan Zweig, y tantos banqueros, aristócratas y hombres de empresa —estos ya de la vida real, tan empeñada en parecerse a la de ficción— se quitaron la vida, incapaces de negociar su propia existencia dentro de un orden nuevo. O bien murieron de pena, abatidos y derrotados por el desengaño, la amargura y la amenazadora y brutal cara del poco amigable porvenir, como les ocurriera a Machado, Azaña y quizá a Unamuno; o simplemente, la vida no les dio la oportunidad de probar sus propias fuerzas en el nuevo orden, como a la mismísima María Antonieta, Luis XVI o los Romanov.

Los tiempos están cambiando, pero ¿cuándo no lo han estado? Unas veces a mejor y otras a peor. Las personas de las generaciones anteriores a los conocidos como *millennials* hemos vivido solo el cambio a mejor y tendemos a pensar que esa es la naturaleza de las cosas, pero la historia nos demuestra que eso no es exactamente así; que en la realidad, la humanidad ha ido, a través de los siglos, dos pasos adelante y uno atrás, como podrían atestiguar los ciudadanos de Roma del siglo V, los siervos de la gleba del Medioevo o los europeos de mitad del siglo pasado, que conocieron el auge del nazismo, el estalinismo, la Guerra de España y la II Guerra Mundial. Durante nuestras, relativamente, cómodas vidas hemos experimentado la casi total reconciliación de las dos españas, la pacificación de Europa y la construcción de la Unión Europea, y hemos visto mejorar las condiciones de vida, en términos económicos, de salud y en todos los demás órdenes de manera continuada, año tras año, lustro tras lustro. Y no solo en nuestro país. Ni siquiera solo en Europa. En el plano global, hemos vivido la mejora espectacular de las condiciones en Asia y, en menor medida, en Latinoamérica y África. Un avance que hoy se ve amenazado (de momento es solo una amenaza) y nos hace entrever un mundo en el que la generación que nos sucede va a tener muy difícil, sino imposible, el alcanzar nuestro nivel de bienestar. El país en el que vivo está en un tris de desaparecer parcelado en trozos, con consecuencias imprevisibles y poco halagüeñas para el todo y las partes, y la Unión Europea se ve amenazada por dos movimientos de aniquilación: una fuerza centrífuga de disgregación, camino ya iniciado por Gran Bretaña, y otra de parcelación en un puzle de regiones que, como Cataluña, Escocia, País Vasco o Flandes muestran su voluntad europea como países autónomos, de pleno derecho.

Del otro lado del Atlántico no llegan sensaciones de estabilidad y sosiego. Más bien al contrario: la nueva administración americana, dirigida por un estrafalario y peligroso histrión, aboga por un mayor gasto militar, restricciones al movimiento de personas y mercancías (aislacionismo) y desvinculación con las políticas de conservación del medio ambiente.

El mundo islámico, por su parte, constituye un problema a tres, cuatro y hasta a siete o más bandas, no ya solo como amenaza a occidente con sus atentados terroristas sino, principalmente, por sus propias guerras fratricidas internas, generadas por las enormes divisiones y rivalidades irreconciliables entre chiitas y sunitas, musulmanes y cristianos y entre quienes quieren una democracia a la occidental y los que quieren imponer la ley islámica; con todos los matices y las sombras posibles.

En este contexto de incertidumbre está naciendo un orden nuevo y el desenlace no lo conocemos. Tengo, eso sí, la esperanza de que no sea tan traumático como el que le tocó vivir a Escarlata O'Hara, pero nosotros estamos preparados. No puede ser peor que lo que vivieron nuestros padres y abuelos y, como prueba de su resiliencia y aliento vital nosotros estamos aquí; de modo que, al fin y al cabo, como dice Escarlata O'Hara: ¿Qué demonios? Mañana será otro día.

CAPÍTULO I. DE HÉROES Y VILLANOS

DE HÉROES

Él camina despacito, que las prisas no son buenas,

en su brazo dobladita, con cuidado, la chaqueta.

Luego pasa por la calle donde los chavales juegan.

Él también quiso ser niño, pero le pilló la guerra.

FITO CABRALES

Soldadito marinero (2003)

El año de la posverdad, antes de ser conocido como tal, comenzó prometedor. Como cada primero de enero hice una lista de propósitos para el periodo tal y como había visto hacer a tantos personajes singulares, incluyendo a Adrian Mole, cuyos diarios había leído de joven. La lista es estrictamente privada y el pudor al desnudo del alma y la carencia de interés me disuaden de reproducirla aquí. Sólo diré que, entre otros más delicados, incluía dos puntos: el primero era la firme resolución de salir a correr al menos tres veces por semana para mantener el cuerpo al abrigo de los estragos propios de la edad, que ya va alcanzando la de Cervantes cuando se retrató en el prólogo de sus Novelas ejemplares, y el segundo era escribir a diario; escribir no un diario, puesto que la vida de este ocioso ciudadano no da para tanto, sino las anotaciones oportunas para dejar constancia de la disparatada comedia del circo que nos rodea, dando cuenta del rico anecdotario de la especie humana, siempre en animada danza alrededor de una hoguera de henchidas vanidades, descomunales ambiciones y pequeños afanes y miserias. Deseché el tema del diario al igual que lo hiciera el gran maestro del humor inglés P. G Wodehouse (1881-1975) y por los mismos motivos. El gran escritor cómico lo relataba del siguiente modo:

1 de enero. He decidido llevar un diario para apuntar cada día los más importantes acontecimientos que nos suceden a mí y a mis amigos. Así, toda mi vida quedará registrada. Será interesante leerlos al cabo de los años y el tío John dice que será útil como disciplina mental. Hoy día húmedo. No ha sucedido nada.

2 de enero. Día húmedo. No ha sucedido nada.

3 de enero. Todavía nuboso. No ha sucedido nada.

4 de enero. Buen tiempo. No ha sucedido nada.

5 de enero. No ha sucedido nada.

6 de enero. No ha sucedido nada.

Llegada la Epifanía de los Reyes Magos, y visto el cariz que el texto iba tomando, el escritor inglés afincado en los Estados Unidos, que parecía llevar una vida casi tan apasionante como la del que escribe, acabó con el dietario autobiográfico y se dedicó a lo suyo: a regalar a su público con las hilarantes aventuras del parásito inofensivo y aristocrático Bertram "Bertie" Wooster y el sagaz mayordomo Jeeves.

Para alentar el propósito de la siempre sacrificada actividad de correr encontré en el periódico de cierto día de enero un listado de razones para hacerlo. Si la finalidad era la de estimular al personal a ponerse unas ridículas mallas y lanzarse al trote, en mi caso obró el efecto contrario, dada la absurda manía de atribuir a la carrera una carga épica, a mi parecer ridícula y totalmente innecesaria. Diríase que el ser humano de nuestro tiempo no sale a correr para despejar la cabeza, ponerse en forma y pasar el rato sino a cumplimentar designios divinos imprescindibles para descifrar el sentido de la vida, cuando no, de manera incomprensible, para salvar a la humanidad con su inane trotecillo. Veamos algunas de las frases con que el artículo invitaba a la brega:

"La mayoría de la gente corre para ver quién es más rápido. Yo corro para ver quién tiene más agallas". Steve Prefontaine

¿Más agallas? Se me ocurren mil maneras de demostrar "las agallas" distintas al hecho de seguir corriendo. Por ejemplo: poniéndose del lado del débil y enfrentándose al poderoso cuando no tiene razón o sacando de las vías del metro a quien ha caído por accidente arriesgando el propio pellejo. El hecho de continuar corriendo puede ser muestra de tozudez, ganas de adelgazar o propósito de endurecer las nalgas, despejar la cabeza y tonificar los músculos. Nada que ver con las «agallas».

«No te preocupes por ser mejor que tus contemporáneos o predecesores. Intenta ser mejor que tú mismo». William Faulkner

«Al principio es muy difícil entender que el asunto no es derrotar a los otros corredores. Con el tiempo aprendes que la lucha es contra la pequeña voz interior que te pide que te rindas». George Seehan

«La alegría está en la lucha, en el esfuerzo, en el sufrimiento implicado, no en la victoria». Mahatma Gandhi

«Pregúntate a ti mismo: ¿Puedo dar más? La respuesta suele ser: Sí.» Paul Tergat

«Dar algo menos de lo mejor de ti es sacrificar un don.» Steve Prefontaine

Todas estas pomposas frases de Gandhi, Faulkner y otros notables que se refieren al sacrificio y a la superación, hay quien las quiere aplicar a algo tan intranscendente y poco épico como es el saludable ejercicio de correr al aire libre. Tengo la impresión de que cuando Gandhi se refería a la alegría que proporciona la lucha y el esfuerzo no aludía al hecho de calzarse unas zapatillas caras, unas mallas «técnicas» compradas en una multinacional francesa de material deportivo, unos auriculares y ponerse a trotar (o a intentarlo, como es mi caso). Corran todo lo que quieran, pero ahórrense toda esa retórica épica pequeñoburguesa de heroicidades de la señorita Pepis. Corriendo no se es más valiente ni más sabio. Para eso tendría que arriesgar uno su vida, su patrimonio y/o su reputación en el empeño para tratar de conseguir un mundo y una vida mejor para uno mismo y sus semejantes, como quizá hizo un día el soldado Filípides con su épica carrera que supuestamente salvó a Atenas de su derrota. Y digo quizá porque hay dos versiones sobre la hazaña del griego: la primera —la convencional— es que Filípides corrió la distancia de Maratón a Atenas (37 km) para anunciar a los atenienses la victoria contra los persas; la segunda —la de Herodoto— es que corrió desde Atenas hasta Esparta (más de 200 km) para avisar a los espartanos del desembarco persa y obtener, así, ayuda. Eso es heroico: correr esa enorme distancia hasta caer muerto para salvar a los suyos. De modo que si lo que se busca es el heroísmo, olvídense del trotecillo, pero si lo que se pretende es desencapotar la mente, fortalecer el cuerpo, reforzar el optimismo, mantenerse en forma y ser un poquito más felices (o menos desdichados, que viene a ser lo mismo), correr va de cine. Yo estoy en ello. No con la constancia y el empeño que debiera, pero estoy en ello.

Y es que acabo de recoger un análisis de sangre y todo estaba en orden. Bueno, menos el colesterol que estaba por las nubes. No voy a decir la cifra, pero era alta, muy alta; lo suficientemente alta como para que si la lleváramos todos escrita en la frente los niños correrían asustados a refugiarse en el regazo de sus madres al verme y la chica de la panadería se pondría los guantes para coger las monedas del pan por miedo al contagio. Mi médico reaccionó de la manera previsible: recetándome las consabidas estatinas y yo, Don Erre que Erre, reaccioné también de manera previsible: negándome a tomarlas.

De inmediato le recité los efectos secundarios de la dichosa pastillita del colesterol, que como ustedes saben o deberían saber, son: Potenciación del deterioro cognitivo (pérdida de memoria) —ya de por sí, maltrecha—, debilitamiento y atonía muscular, inhibición del deseo sexual, potenciación de pensamientos depresivos, pérdida de interés por las cosas y tristeza mórbida, desregulación del azúcar en la sangre y de la tensión arterial... Es decir, la temida decrepitud. ¿Quiere usted ser un prototipo de viejo: depresivo, olvidadizo, insomne, con dolores musculares, inapetencia sexual y con el azúcar alto? Pues tómese la pastillita del colesterol. Eso sí, le garantizamos que tendrá unas arterias tan limpias como cañerías con Coca-Cola.

Lo cierto es que los estudios del colesterol y sus maldades es (como todo lo demás) cosa de anglosajones, mayormente americanos. Por allá por mitad del siglo pasado empezaron a proliferar estudios que relacionaban el colesterol con los accidentes cardiovasculares. Y la cosa funcionaba. Los países que comían grasas y carnes rojas (EEUU, Reino Unido...) tenían mayor incidencia de problemas arteriales que otros como Japón, en que se comía más verdura, pescado y menos fritos. Todo cuadraba. Hasta que les dio por comparar los resultados con un país que estaba por ahí llamado Francia. Resulta que los irreductibles galos se desayunaban con mantequilla y *croissants*, eran grandes consumidores de carnes rojas, embutidos y patés, gustaban de acabar las comidas con una rica tabla de quesos, gozaban de una esperanza de vida de las más altas del mundo y tenían una incidencia de problemas cardiovasculares mucho menor que yanquis y británicos. Tenían que ser los franceses. Otra vez los malditos gabachos, que se empeñan en llevar la contraria en todo. Como no tenían modo de explicarlo, a esto le llamaron «la paradoja francesa».

No era muy convincente pero sonaba bien. Pronto, un avispado investigador, no sabiendo a qué atribuirlo cazó al vuelo una razón que pasaba por allí: se debe al vino. Es porque los franceses beben vino tinto, el vino tinto tiene taninos y bla-bla-bla. Podía haber dicho que se debía a que comían caracoles. O ancas de rana. ¡Estos *froggies*!

Lo cierto es que la «mayoría» de mis familiares, amigos y conocidos que ya no cumplen los cincuenta están fuera de los parámetros normales (por encima de 200) y toman las dichosas estatinas. Y esto es una contradicción. La mayoría —estadísticamente— no puede estar fuera de la normalidad sino dentro de ella porque en caso contrario deja de ser «normalidad»; al contrario que la «excepcionalidad», que la cumplen unos pocos: una minoría.

Así lo formuló Gauss en 1835 y así lo acepta la estadística y el sentido común. Veamos: si usted es hombre y mide 1.72, estará en la normalidad, es decir, en la parte central de la llamada campana de Gauss, junto con el 68 y pico por ciento de la población. Si usted tiene la estatura de Danny DeVito o Alfonso Rus (aquel que, presuntamente, contaba billetes en el asiento trasero de un coche con un mugido de vaca de fondo) se encontrará en el 15.8% que se explica en la parte izquierda de la curva, el territorio de los bajitos, fuera del grueso de la campana. Y si es tan alto como Gasol también estará fuera de la panza de la campana y por tanto de la normalidad, ahora por la parte derecha, la de los altos. Está claro, ¿no?

Pues bien: ¿Qué clase de normalidad quieren imponer los inquisidores del colesterol en el que el 70% o más de los adultos de cierta edad quedan fuera de la curva de Gauss? ¿Qué clase de curva es esa?

Ese interesante duelo libramos mi médico y yo uno de los primeros días del año que sucedió al año del meme. Al final, me miró como el cirujano que mira al cadáver sobre la mesa de operaciones y quitándose los guantes dice: «Hicimos lo que pudimos». Yo, por mi parte, «calé el chapeo, miré al soslayo, fuime y no hubo nada». De modo que ya saben: pueden alinearse en el bando de los investigadores americanos, la industria farmacéutica y mi médico o por el contrario pueden hacerlo del lado de La Marsellesa, de Gauss, de los callos a la madrileña, de Don Erre que Erre y del sentido común. Aquí nos la jugamos.

Uno de los rasgos de estos tiempos en que vivimos es lo que yo llamo el *síndrome de la banalidad del héroe*. Es un héroe el que corre, adelgaza o deja de fumar por el hecho de trotar cada día un poco más que el anterior, ponerse a régimen —lo que en algunos casos es reducir la ingesta diaria a menos de una tonelada—, dejar al tabaco —para lo que algunos necesitan de ayuda psicológica, médica y farmacológica— o reducir la dosis diaria de alcohol, con el objeto de no ir beodo dieciséis horas al día. Y por este motivo salen héroes a porrillo. En todas partes, produciendo así una devaluación de los términos héroe y heroísmo que generan una cantidad ingente de héroes de noria y montaña rusa, que son aquellos tan intrépidos y audaces, tan valientes ellos, que andan buscando su descarga de adrenalina, a la que son adictos, en situaciones de riesgo cero (o casi): en atracciones de feria debidamente controladas por los inspectores del Ministerio de Industria.

Hay un programa de televisión con un nombre algo así como *Mi vida con trescientos kilos* y trata de eso: de cómo es la vida cotidiana de esas personas que pesan más de un cuarto de tonelada, como se las arreglan para sobrevivir a la cotidianeidad y su lucha por tratar de perder peso ayudados (imagino) por un contrato con la productora de televisión que a cambio exhibe todos los pasos, semana a semana, mes a mes, de la tortura del sujeto y sus cuitas con regímenes, ejercicio, visitas médicas, cirugía de reducción de estómago, etc.

Ni que decir tiene que la lucha de estas personas contra la báscula no es fácil. Es algo titánico y cruel. Sus enormes cuerpos —por la cantidad de tejido que tienen— demandan una cantidad de comida fabulosa y negárselo supone una tortura considerable, de la misma manera que el ejercicio, que para nosotros puede ser incómodo, para quien tiene que mover trescientos kilos se convierte en un esfuerzo agónico. El caso que vi se trataba de un muchacho de 27 años, de Texas, que tras perder unos 40 kilos tras un régimen severo fue aceptado para que se le hiciera una operación de reducción de estómago. En el documental se aprecian algunos rasgos de la vida americana. El principal es que allí, en el Medio Oeste, la gente no camina. Nunca. Van en coche a todos lados: al supermercado y al médico; a la copistería y a la farmacia; a la oficina de correos y a la iglesia. En un momento dado y para cumplimentar el programa de ejercicio que le habían marcado, el chico va a la piscina a hacer gimnasia acuática y a practicar golf… en coche. Allí, en el parking del campo de golf le esperaba el instructor que, en un cochecito eléctrico, le llevaba al terreno en dónde practicar… el *putt.* Y eso era todo el ejercicio: en coche al campo de golf, en cochecito eléctrico al lugar de entrenamiento y golpecitos en el *green*.

Lo cierto es que el tejano perdió unos noventa o cien kilos a lo largo de los meses que cubría el programa (con operación de estómago incluida) y en varias ocasiones declaró sentirse muy orgulloso de sí mismo por lo conseguido. Su madre llegaba a más, tratando la actitud del hijo de heroica. No se trata de atentar contra la autoestima del tipo, pero la objeción es: Si ha conseguido reducir volumen siendo un héroe, ¿cómo ha podido llegar ahí?, ¿siendo un villano? El programa empieza presentándonos a una persona de 300 kilos, pero es porque en etapas anteriores de su vida ha pesado 90, 100, 120, 150… sin poner remedio. Por los años de los años. ¿Cómo puede alguien llegar a un estado de obesidad tal que le impide caminar y casi moverse, sin haber una virulenta patología de por medio y sin haber tomado medidas a mitad del camino?

El héroe moderno, como el muchacho entrado en kilos o el ama de casa entrada en años con los que te cruzas trotando por el parque, aquellos sometidos a una dieta de adelgazamiento o los que "heroicamente" están tratando de dejar de fumar comparten con los villanos y el resto de los comunes algo que en nuestros días ocasiona la mayor cantidad de disfunciones y problemas de personalidad, que no es sino la inadecuada gestión del ego. O se tiene el yo inflado y todo el mundo debería estar agradecido por el hecho de respirar (gratis) al lado de uno —convirtiendo así al sujeto en un serególatra y vanidoso— o está por los suelos y hace pensar en uno como en una lamentable ruina prescindible y redundante. En fin, ni una cosa ni la otra. La primera nos hace muy endebles ante la contrariedad, la frustración y el fracaso que irremediablemente han de aparecer en la vida de todos antes o después, y la segunda, el déficit agudo de autoestima, para regocijo de psicólogos y psicoanalistas, nos acerca irremediablemente a la ansiedad y la depresión, la mayor parte de las veces sin motivo tangible ni mesurable alguno.

No hace mucho, una campaña publicitaria de unos grandes almacenes españoles expresaba la idea extendida en el mundo actual de que cada cual se merece lo mejor. «Yo me merezco lo mejor» (aunque seas un canalla) parece ser el lema de una sociedad en la que los esfuerzos laborales, familiares o de cualquier otra índole de cada uno de nosotros nos convierte en héroes cotidianos y, por tanto, susceptibles de las mejores recompensas, como le ocurre a los ídolos del papel *couché*. ¿No querías ese vestido tan elegante y que te quedaba tan bien de Vincenzo & Porquino? Pues es tuyo, mujer, rezaba la publicidad de las rebajas de los grandes almacenes. ¿Y los zapatos de Ruperto Vespino, aquellos tan caros? Pues también, porque tú te lo mereces. Y tú, muchacho, te mereces ese traje de Leovigildo Plegma que antes valía 700€ y ahora sólo 650€, digno de un presidente autonómico y que te ha de proporcionar estupendos éxitos profesionales. Una ganga. En la penúltima campaña publicitaria de esos mismos almacenes han rizado el rizo. Se despiden con un intrigante «quiéreteme», lo que por un lado refuerza la idea banal de la innecesaria autocomplacencia y por el otro subrayan un empalagoso paternalismo parecido a aquel de un médico que tuve una vez y que decía cosas así como «hazme deporte» o «no me comas demasiadas grasas». Cambié de médico.

El eslogan «te lo mereces» como reforzador del «yo» está extendido hasta el punto de ser utilizado por los bancos como frase de apertura del diálogo entre el cajero automático y el cliente. No sé en tu caso, lector, pero en el mío, cuando introduzco el código para hacer cualquier operación, la institución bancaria me ofrece un cómodo préstamo de unas decenas de miles de euros porque sí, porque me lo merezco, lo cual en términos bancarios no quiere decir que yo sea un héroe digno de ser recompensado por ello sino que el algoritmo bancario me considera un tipo serio, con ingresos regulares y que ofrece un riesgo de impago cercano a cero, sea o no sea un villano, lo que, dicho sea de paso, al banco le interesa poco, acostumbrado como está a alternar con tipos de ética relajada en su consejo de administración. No deja de llamarme la atención, eso sí, el hecho de que haya gente capaz de quedarse un crédito de, digamos, 30.000 euros, así, por impulso, sin dedicarle al menos un fin de semana de reflexión y una visita a la oficina para enterarse de la letra pequeña…

No hace mucho que apareció en la prensa el caso del soldado israelí Elor Azaria, que fue considerado culpable de homicidio al haber matado a un palestino gravemente herido en el suelo, con lo que se enfrenta a un tiempo en prisión. El palestino, un activista, había atacado previamente con un cuchillo a un militar israelí. El soldado Azaria tomó un arma y remató al terrorista palestino herido en el suelo, quedando grabado el suceso por la cámara de un testigo. Como es de suponer, en un caso así, que toca el núcleo del sangrante conflicto territorial entre palestinos y judíos, una parte importante del pueblo israelí se manifestó por las calles de Tel Aviv y otras ciudades reivindicando la inocencia del que para muchos, mayormente judíos, es un «héroe nacional», mientras para otros, palestinos en su mayoría, se trata de un asesino. No voy a entrar a ejercer un juicio moral al soldado. Que lo haga cada cual, si quiere. Lo que quiero resaltar es el apelativo de héroe que se le dispensa al muchacho. ¿Qué clase de heroísmo es el que se consigue rematando a alguien herido que no se puede defender? Insisto: dejando fuera consideraciones morales y el entorno de hostilidad de la zona, atendiendo estrictamente al significado de la palabra. La acción del soldado incumple la condición más importante para adquirir la condición y es que, en la hazaña, uno debe arriesgar su propia integridad física, su propia fortuna o su reputación en el empeño y en supeditación al bien común, de manera generosa, audaz y desdeñosa de las consecuencias. ¿Qué clase de héroe es quién no arriesga? ¿Y me pueden decir qué riesgo tiene disparar a quién está en el suelo herido? Mandela, Gandhi, Rosa Parks, Teresa de Calcuta, Vicente Ferrer, los mismos Snowden y Assange... han dado algo importante, han sacrificado años de cárcel, su propia fortuna, sus recursos o su integridad física enfrentándose al poderoso en aras a lo que ellos consideran un bien común. Si no hay riesgo no hay heroísmo, si no hay poderoso a batir o humillar (sea persona o sociedad) no hay héroe y si no existe la búsqueda de un bien común, tampoco. Lo demás son héroes de chicha y nabo.

Y, ¿qué me dicen del empecinamiento en convertir en héroe a todo aquel que, con fortuna y atención médica adecuada, logra salir bien parado de un cáncer? ¿No creen que se ha abusado de la frase de "luchar valientemente (heroicamente) contra el cáncer"?. Vale, todos sabemos (porque lo hemos vivido de manera más o menos cercana) de la dureza de algunos de los tratamientos que se administran contra la enfermedad y las molestias y sufrimientos que conllevan estos y sus consecuencias, pero, del otro lado está la vida y uno se somete a ellos para tratar de seguir viviendo. Y muchas veces se consigue. Luego, ¿qué hay de heroico en ponerse en manos del médico y aceptar con resignación la crueldad de los tratamientos? Y sobre todo: ¿en qué grado de valentía queda el que pierde la batalla y cae? ¿Qué es?, ¿un cobarde, acaso?

Hay también una tendencia muy extendida a mezclar los conceptos de héroe y víctima, identificando a esta con aquel. Así, hemos podido escuchar en los noticieros frases como «Los héroes del 11 M», refiriéndose a las víctimas de los trenes de Madrid o «los héroes supervivientes de los campos de concentración nazis», atribuyendo la cualidad del heroísmo a los más resistentes, del mismo modo que se considera héroe al que sobrevive a un cáncer complicado. Un caso peculiar de confusión entre héroe y víctima lo aportó de manera peculiar cierta política española del PP tras el atentado que ETA llevó a cabo hace unos lustros contra el entonces líder de la oposición José María Aznar del que, por fortuna, salió ileso gracias al blindaje de su coche. La entusiasta compañera de filas del venturoso político se vino arriba llamándole «héroe» y tachando de «heroica» la actitud del líder por haber sobrevivido al brutal ataque, como si de un David que hubiera derrotado al gigante Goliat se tratara, salvando al pueblo de Israel de la amenaza filistea. No sé a ustedes, pero a mí, el hecho de que el heroísmo pueda depender de la sección del grosor del blindaje de un Audi no me cuadra.

La joven Malala Yousafzai no llevaba blindaje. Luchadora por los derechos de la infancia a la educación en una zona de Pakistán en que los talibanes trataban de imponer su disparatada norma, la beligerancia de la muchacha provocó que un hombre armado abordara el autobús en el que esta acudía a la escuela y tras pronunciar su nombre disparara tres veces contra ella. Una de las balas impactó en la parte izquierda de su frente y atravesó su cara alojándose en el hombro. Tras estar al borde de la muerte por un tiempo fue trasladada a un hospital de Birmingham, en Reino Unido, en el que se recuperó del incidente. En 2014, tras seguir sin cesar en el activismo a favor de los derechos sociales, femeninos y de la escolarización de los niños en el valle del Swat de Pakistán y otros lugares calientes del mundo, recibió el Premio Nobel de la Paz en reconocimiento a su aportación a la causa y en reconocimiento a su «heroísmo», galardón que no creo que le sea concedido al líder popular por razones que están en la mente de todos y no vienen al caso. Malala no llevaba blindaje alguno, pero estaba hecha del blando material del que están hechos los héroes: la determinación y la bravura. Se enfrentaba a la sinrazón talibán con su endeble cuerpo de niña de 12 años. Y ganó. Y su heroísmo no residió en el hecho de recibir los disparos, lo que la convierte en una víctima; esto es una lamentable circunstancia que ella, claramente, no eligió. El heroísmo reside en el hecho de que, a pesar de haberlos recibido, siguió luchando por lo que creía justo, demostrando así que ella, en su fragilidad, era más fuerte —y mucho más valiente— que el talibán.

DE VILLANOS

¡Qué pena me da

el día que me echen el guante

y no tenga libertá!

LOS CHICHOS

"¡Ay que ver, cómo está el tráfico en Madrid! ¡Venga coches por todas partes! ¡Con lo cómodo que dicen que es el metro!". En estos términos se expresaba el Marqués de Leguineche en Nacional III, recorriendo las calles de la capital en su arcaico Citroen negro, de vuelta de su finca extremeña. García Berlanga, genio español de la comedia, en compañía de otro genio en el guión —Rafael Azcona— narra una situación delirante en la que un López Vázquez viciosillo y con cierto desarreglo mental (o "dotado de manera diferente"), hijo del no menos vicioso e histriónico Marqués de Leguineche (Luis Escobar), ambos grandes patriotas, saca de España —o lo intenta, al menos—, los milloncetes de pesetas que suponían los ahorros de la familia, buscando puertos más seguros ante la posible llegada de los socialistas. Para ello, se hace enyesar un brazo en posición Arriba España y se mete los fajos de billetes dentro de la escayola. Con tal de camuflarse y no llamar la atención de los aduaneros se suma a un grupo de peregrinos lisiados y/o fanáticos que van a Lourdes acompañados de sus curas y sus monjitas en busca de uno u otro milagro. Otra divertida astracanada de dos genios gamberros de la comedia española que hacen uso de la hipérbole de la «casta» patriótica que ama tanto a su país que prefieren sacar el dinero fuera.

Después, como ocurre a menudo, la realidad se ha aliado con la ficción, a veces mejorándola, y hemos visto a patriotas trasegando fajos de billetes en bolsas de basura por la frontera de Andorra, lugar en el que también se celebraban *pyjama parties* de constructores y alcaldesas. Tesoreros de partidos, personajes públicos y banqueros que van y vienen, que llevan y traen… a Andorra, a Suiza, a Panamá o a cualquier otro lugar en el que el fisco no meta las narices, o las meta menos.

Creíamos haberlo visto todo, bien provistos como estamos de pintoresca fauna local, pero no contábamos con Argentina. Ellos nos superan en muchas cosas: en astros del fútbol, en grandes literatos sin Nobel, en Papas modernos, en número y calidad de psicoanalistas y, también, en esperpento.

Apareció en el periódico la foto de un tipo que a pesar de llevar casco de acero y chaleco antibalas no va a ninguna guerra. Estaba detenido y esposado. El hecho de que los detenidos en Argentina vayan con chaleco antibalas y casco es algo inaudito que, sin duda, tendrá que ver con la debida garantía de seguridad del reo. Se llama José López y había sido secretario de Obra Pública durante doce años en los gobiernos de Néstor y Cristina Krichner. Una noche del mes de junio, en el comienzo del invierno austral, un vecino de una zona de las afueras de Buenos Aires vio un coche de alta gama parado junto a la tapia de un monasterio ocupado (muy poco ocupado, dado el escaso número de integrantes) por las Monjas Misioneras Orantes y Penitentes de Nuestra Señora del Rosario. Junto al coche, un tipo de mediana edad estaba tirando bolsas por encima de la tapia del monasterio. Extrañado, el vecino llamó a la policía que se encontró con la sorpresa de que el hombre era la mano derecha del exministro de Planificación Julio De Vido y que las bolsas estaban llenas de dinero: dólares, euros y alguna otra divisa extranjera además de joyas. En una de las bolsas se encontró un fusil Sig Saguer calibre 22. La primera reacción del individuo fue, como no, la de intentar sobornar a los policías ofreciéndoles parte del dinero, cosa que no consiguió, para a continuación culparles de robo de lo que el político declaró que era una «donación» para la orden de las monjitas; al fin y el cabo se trataba sólo de una menudencia de nueve millones de dólares, dólar arriba, dólar abajo. Justo lo que las monjitas necesitaban para repasar el tejado y alguna que otra mejora. El jefe de los policías, tipo con sorna, le contestó que ya se lo imaginaba y que por esa razón habían venido ellos: para ayudarle a contar el dinero, tarea que llevó hasta las tres de la madrugada.

La historia, aunque argentina, tiene todos los elementos de la comedia española: hay un pícaro, político y falso patriota; es muy, pero que muy chapucero; hay nocturnidad, busca el amparo y la protección de la iglesia —con la pátina de impunidad que esta otorga— y tras intentar el soborno (ya que la extorsión no es posible), piensa en unas excusas muy malas y de entre ellas, elije la peor. Y en esta ocasión, el villano no pudo echarle la culpa al muerto.

En épocas pretéritas, en nuestro país, cuando aparecía alguien asesinado en una localidad y no había un culpable claro, se hacía pagar un impuesto a los habitantes del pueblo o villa. Por este motivo, los lugareños trasladaban el muerto a alguna localidad vecina antes de que fuera descubierto por la autoridad real y lo dejaban allí para que fueran los del pueblo de al lado quienes pagaran la tasa. De ahí la expresión «echarle el muerto a alguien». Había que trasladar el bulto y los tipos que hacían la ingrata tarea de acarreo y escamoteo del cadáver les tocaba «cargar con el muerto» a hombros, en carreta, caballería o comoquiera que se llevaran los muertos antiguamente, tarea desagradable y que parecía que tocaba siempre a los mismos infelices, en tanto que los listillos salían siempre de rositas y con las manos limpias de cadáveres y otros asuntos sucios y engorrosos. Cuando los individuos alfa, los que no se ensuciaban las manos, se veían envueltos en algún asunto turbio miraban que hubiera un muerto por allí a quien echarle la culpa; y de ahí lo de «echarle la culpa al muerto». El muerto, pues, ha dado mucho juego en el mundillo de las villas, los villanos y las villanías.

Rita Barberá pasó su último año de vida yendo y viniendo a los tribunales, lo que, junto con el repudio de los suyos, presuntamente acortó su vida de manera dramática. Dos eran los asuntos por los que era requerida en los juzgados: el caso de la financiación de su campaña electoral y el caso Nóos. Pues bien, ¿quién recomendó a la alcaldesa la contratación de la firma sin ánimo de lucro de Urdangarín? José Antonio Samaranch —el muerto—, estatus éste que otorga la condición de persona intachable fuera de toda sospecha y escrutinio y, sobre todo, la imposibilidad de ser llamado a declarar.

El ciudadano Conde, de nombre Mario, ha estado trayendo del extranjero dinero que, presuntamente, había sacado anteriormente de los fondos de Banesto, al que dejó tieso para pasmo del sistema, también conocido como *establishment* e incluso como «la casta». ¿Y de dónde provenía el dinero que "importaba" el ciudadano Conde, en su momento número uno de su oposición de Abogacía del Estado? Del difunto padre de su primera y discreta mujer, Lourdes Arroyo, prematuramente fallecida en 2007. Otro que no podrá ser llamado a declarar.

Los hay con mala suerte. Otro patriota, este del PSOE, el casi olvidado Roldán, que fuera director de la Guardia Civil, también tuvo su muerto al que culpar de haberse quedado con la pasta: el agente secreto Francisco Paesa, con tal mala fortuna que el muerto le resucitó, que ya es tener mala pata. Efectivamente, el espía español es protagonista de una historia rocambolesca. Al parecer, no sólo se quedó con el dinero de Roldán sino que presuntamente cobró un millón de libras esterlinas en 1994 por delatar su paradero a las autoridades españolas, lo que hizo dimitir al ministro Antonio Asunción, éste muerto de verdad. En 1998, Paesa fingió su propia muerte en Tailandia, se falsificó un certificado de defunción, se publicaron esquelas y su familia encargó treinta misas gregorianas en su nombre... hasta que apareció de nuevo en París en 2004, con pasaporte argentino a nombre de Francisco Pando Sánchez, de modo que Roldán se quedó (siempre presuntamente) sin pasta y hasta sin muerto, el pobre. No consta que las misas gregorianas encargadas a su memoria tuvieran nada que ver en la reaparición del personaje.

Quien sí tiene muerto asignado al dinero es otro patriota más, este de la Patria Catalana, el señor Jordi Pujol y su innumerable prole, portadores de bolsas de basura llenas de billetes que venían de Andorra provenientes de los ahorrativos hábitos del abuelito Florenci, que falleció, el pobre, en 1980 de un ataque al corazón, y que según testimonio de la familia había provisto una notable cantidad fuera del alcance del fisco madrileño para uso y disfrute de la patriótica familia.

Y Millet, también barcelonés, declaró ante el juez que le acusaba de apropiación de caudales públicos y otras menudencias que del 3% nada; que, por lo que se refería a su parcela del Palau, se cobraba el 2.5 para el partido (CDC), el 1% para su propio bolsillo y el 0.5% para su ayudante y colaborador, que el escalafón es el escalafón. ¿Y quién era la persona que aportaba el dinero y único testigo de la fraudulenta operación? El señor Rafael del Pino, Presidente de Ferrovial, que en paz descanse.

Los muertos no son ningunos santos. Al igual que los vivos tienen sus debilidades y sus lados oscuros pero tienen una enorme ventaja sobre estos y es que no pueden ser llamados a declarar por ningún juez, con lo que se llevan la verdad al lugar en el que más segura está: el más allá. Y como todos somos buenos al morir, no peligra tampoco la reputación. Hay algunos muertos, eso sí, como Paesa, al que algunos les tienen muchas ganas.

El momento de la muerte me trae a la memoria la frase que solía usar un viejo cura de un pueblo alcarreño al despedirse de los jóvenes que dejaban el páramo mesetario para irse a vivir a la ciudad en la época del despoblamiento rural. El cura les decía: «Que tengas suerte, hijo. En la vida y en la muerte». El hombre expresaba su deseo de que la muerte fuera, no sólo dulce (si es que la hay) y más o menos indolora, sino, sobre todo, oportuna. Como oportuna lo fue, sin duda, la de Rita Barberá, en decadencia continua desde su infortunado discurso del *caloret*, pérdida de la alcaldía y polémica adscripción al Senado como escudo ante las acusaciones de corrupción. A continuación, la alcaldesa de España vivió lo más duro: el rechazo de los suyos que la despojaron de sus credenciales y la enviaron a la última fila de un superfluo hemiciclo en compañía de gentes de Compromís, Bildu y así. Acababa de declarar ante el juez y... ¿Qué le quedaba por delante a la otrora todopoderosa valenciana? Vivía recluida en su casa para evitar los insultos y humillaciones del mismo pueblo que antes la vitoreaba. Sin descendencia familiar y de manera diríase que voluntaria, haciendo fácil lo difícil, pidió una tortilla y un whisky como cena al servicio de habitaciones de un hotel madrileño, llamó al infarto liberador del sufrimiento y se marchó. Como la fuerza de la naturaleza que fue en vida, pareció tener el poder de decidir también sobre la muerte.

Esa muerte tan prominente se vio ensombrecida por la de Fidel, pero es que con él no se puede competir. Él juega en las *Major Leagues,* aunque, como Franco, Pinochet, Mao, Stalin y otros, murió de viejo, en su cama, con la sensación de haber vivido unos años de más, de esos que ni cuentan ni se disfrutan, de cortesía; regalo a menudo envenenado de la medicina, como los que quizá le estén tocando vivir al Papa Ratzinger. La muerte, a estos, parece haberles ignorado en su momento, haciéndose la remolona y desatendiendo la llamada de algunos para quienes, quizá, su llegada habría sido un alivio.

En ocasiones, *La de la Guadaña* acude sin ser invocada, inesperada y sin invitación, brutal y mensajera del absurdo y la tragedia, como en el caso de Kennedy, el pobre; a veces, caprichosa y difícil de contentar, desatiende trueques como el que Ricardo III le propusiera de reino por caballo y, en otros, se muestra cruel y justiciera como lo fue con Mussolini, que fue colgado de los pies en la plaza Loreto de Milán tras su fusilamiento, para escarnio y vejación (otra vez) del populacho que antes le vitoreó. O el infortunado Ceaucescu, fusilado junto a su mujer mientras cantaba La Internacional o Sadam Hussein, ahorcado por sus enemigos mientras invocaba a Alá y menospreciaba las oraciones chiitas de sus ejecutores y los vítores al santón rival.

Otros llamaron a la muerte de manera voluntaria y precipitada en la cúspide de su poder creativo y para consternación de sus muchos seguidores que han llorado, y siguen llorando la pena de lo que no llegaron a ser: Amy Whinehouse, Janis Joplin, Jimmy Hendrix, Kurt Cobain y Jim Morrison murieron todos a la edad de 27 años, y Marilyn un poco más crecidita, pero no mucho.

No sabemos cuáles han sido las últimas palabras de quienes se han ido recientemente. Se nos ha dicho que Churchill confesó su aburrimiento antes de cerrar los ojos, pero en estos momentos me viene a la cabeza una anécdota que oí contar una vez a Iñaki Gabilondo en su ya lejano (en el tiempo) programa matutino de la SER. Estando un hombre a las puertas de la muerte, rodeado de toda su familia, hizo gestos de querer decir algo. La familia calló expectante y el hijo mayor acercó el oído a la boca del moribundo. Éste, cogiendo a su hijo por el brazo, con voz entrecortada en sobrehumano esfuerzo, le espetó: «Hijo, ¿de dónde sacarán el dinero las Diputaciones?» Tras lo cual, giró la cabeza, y expiró.

DE ESPÍAS

*The more identities a man has, the more they express the
person they conceal*

*Cuantas más identidades tiene un hombre, mejor reflejan la
persona que esconden*

JOHN LE CARRÉ

Tinker, Taylor, Soldier, Spy (1974)

Y los espías, espían. De manera diferente, pero espían. Una
conocida periodista presentó en su programa de la Sexta una
entrevista semiclandestina desde Moscú con el exespía,
revelador de modos y modas de los Servicios Secretos
Americanos de Información (sinónimo de espionaje), traidor a
la causa, Edward Snowden, lo que suscitó en la opinión pública
la indignación y la sorpresa por la revelación inaceptable de que
los espías... espían. ¿Y qué iban a hacer si no?, ¿vender
aspiradoras como el protagonista de la novela de Graham Green
Nuestro hombre en La Habana? ¿Cuál se supone que es la
función del CNI, el Mosad, la CIA, el MI6 y todos los
organismos similares con que se dotan los estados? ¿Por qué los

espacios de las Embajadas son inviolables como lo ha sido siempre la documentación que viaja en valija diplomática?

Snowden nos habla de la enorme cantidad de información que recopilan las agencias norteamericanas en todo el mundo, nos habla de metadatos —resultado del análisis de los datos—, de la facilidad y el bajo coste de obtenerlos y reflexiona sobre el hecho de que la vigilancia extensiva no es un instrumento de seguridad sino de poder, algo que, por otra parte, también sabíamos. El americano vive en Rusia en una situación precaria, aunque privilegiada si la comparamos con su compañero de fatigas, el australiano Julian Assange que no sólo habló del *modus operandi* sino que filtró cantidades ingentes de documentos con el *affair* Wikileaks y que lleva años refugiado, sin poder salir de la Embajada de Ecuador, en Londres. El ex agente de la CIA entró a uno de los aeropuertos de Moscú y pasó un tiempo en tierra de nadie. Putin se negó a extraditarlo a los EEUU por no haber convenio de extradición entre los países, lo que es una bendición para el americano que tendría en su país un futuro muy, muy negro: James Woolsey, ex director de la CIA quiere verlo colgado, con una soga al cuello…y como él, muchos más. Sospecho que la llegada de Trump a la Casa Blanca y su anunciada afinidad con Putin ha debido sembrar mucha incertidumbre y preocupación en la vida del espía que puede verse incluido en algún arreglo como moneda de cambio. Es lo que tienen los espías, que tal y como hemos visto en las novelas de Le Carré, son, a menudo, susceptibles de trueques y pagos de deudas

En el Imperial War Museum de Londres hay una estupenda sala dedicada a los espías: a los de siempre; a los de libretita de códigos para cifrar, prismáticos, puñal camuflado en bolígrafo, ampolla de cianuro para caso extremo de captura y cámara en el reloj; a los que andaban por ahí anotando entradas y salidas de barcos en los puertos, movimientos de tropas, contacto con la resistencia, situación de los cuarteles y puntos estratégicos. A esos les llamábamos espías: unos tenían *glamour* y licencia para matar, como 007 y otros, como Philby, condecorado por el mismo Franco, se convirtieron en espías dobles y hasta triples, según opinión de Stalin, que nunca confió en él. Los había ejecutores, como Ramón Mercader, y bailarinas, como Mata Hari. Hoy en día, en la época digital, los servicios de espionaje han dejado de lado los prismáticos y las libretas de códigos y se dedican fundamentalmente al análisis de los datos que viajan por el ciberespacio.

La situación es conocida: cada cual espía a quien puede. Algunos países pueden mucho y espían mucho, como el Reino Unido; otros, como España, pueden menos y espían menos y otros, como Mali o Bután pueden muy poco o nada y espían lo propio: muy poco o nada. Y luego está EEUU, que todo lo puede tecnológica y militarmente y espía mucho a todos los demás y se produce esa curiosa situación que es la de rasgarse las vestiduras ante lo obvio. Merkel, Hollande (en su momento) y todos han tenido que escenificar un enfado para la galería que es la opinión pública de sus respectivos países. En el caso de la Canciller, el mismísimo Presidente de los EEUU le echó una mano confesando, histriónicamente, encontrarse en el mismo grupo que ella por haber sido, él también, espiado por los propios servicios de su país. Y luego está Rajoy, el taimado Rajoy que no ve necesidad de simular indignación. "¿Acaso no espiamos nosotros al Presidente de Guinea Ecuatorial y en Marruecos hacemos lo que podemos? ¿Por qué escandalizarnos por un pinchazo de teléfono? Además, para lo que tienen que oír… Que si llueve, que si no llueve.

Les pondré un ejemplo: Soy autor de un blog y suelo consultar semanalmente el número de visitas. La mayoría son de España, seguida de los Estados Unidos y de otros países europeos y latinoamericanos, aunque hay también visitas (escasas) de lugares más remotos, como Indonesia o Kazajstán. En una ocasión en que mencioné el régimen cubano en uno de mis artículos tuve dos visitas de… ¿adivinan de dónde? Exacto: de Cuba. Seamos realistas: ¿quién puede estar interesado en los artículos del blog de un particular de este lado del Atlántico en un país en el que Internet está restringido, es caro y lo usan un número reducido de personas? Se me ocurren muchos otros temas de mayor interés para el público cubano. Obviamente, hay un servicio de información que rastrea la web para temas político-propagandísticos. La cuestión es: si hay alguien que se interesa (o detecta) cualquier cosa que el blog de un ciudadano corriente europeo sobre Cuba o su régimen ¿qué no estaría ese alguien dispuesto a hacer para hacerse con lo que Merkel, Putin o la señora May puedan decir, opinar, proponer o convenir al respecto? Bien merecen, pues, un pinchazo, sus teléfonos.

Toca hablar, de *big data*, término conocido también en español como *macrodatos* o *datos masivos* y hace referencia al almacenamiento masivo de los datos y a los procedimientos usados para encontrar patrones que se repiten en ellos. No se puede negar que el asunto del *big data* sea importante. Hay un gran ojo omnisciente, un Gran Hermano que maneja cantidades enormes de datos y esto, a muchos, les hace sentirse mal.

Todos tenemos algún vecino, familiar o cuñado sumamente receloso del rastro digital y se vanaglorian de usar un Nokia: una de aquellas pequeñas, estupendas e infalibles máquinas de bolsillo que sólo servían para hablar y para mandar mensajes SMS. Somos muchos los que añoramos aquel pequeño aparato que marcaba el número que tú querías (y no como el *smartphone* de ahora, que marca el que quiere él, cuando quiere) y que es como llevar un ladrillo en el bolsillo, de modo que un conocido mío presumía de que así «nadie sabía dónde se encontraba en cada momento», que «...él era un espíritu libre al que no le gusta ser controlado». Pero ¡amigo mío!, controlado ¿por quién? y, sobre todo, ¿para qué? Mi vecino, como muchos de quienes manifiestan este tipo de prejuicios, no lleva a cabo ninguna actividad que necesite ocultar a la CIA o al Ojo Omnisciente; lleva una vida anodina de casa, trabajo y bar de la esquina, lo que provocaría al malvado Gran Hermano la muerte por aburrimiento si se dedicara a la vigilancia de tipos como él, con su tripita por encima del cinturón, sus chistes malos y sus predecibles trayectos. La manifestación libertaria del sujeto no tiene mucho sentido; más bien, lo único que consigue —quizá a propósito— es la pérdida de las enormes ventajas que proporciona la conectividad en todo momento, en todas partes. Las andanzas del reservado vecino son sólo significativas en cuanto que forma parte de una cantidad ingente de datos que, eso sí, puede tener interés comercial, de *marketing* o de inteligencia y seguridad.

El tráfico de los 4.000 millones de usuarios de la red está regido por un cifrado al que solo tienen acceso 14 personas en el mundo, que se cambia con regularidad, y que observa una gestión peculiar. Según la fuente periodística que no hace mucho que difundió la información:

«...El acceso para modificar la clave privada (...) está restringido mediante siete llaves, depositadas por el ICANN en 14 personas (7 titulares y 7 vocales) de distintas nacionalidades. La entidad cuenta con tres sedes oficiales en Singapur, Estambul y Los Ángeles, todas ellas nutridas con los sistemas de seguridad más vanguardistas. Cuando se reúnen (cuatro veces al año), estos guardianes acceden tras pasar por varias puertas con control por clave numérica (individual y que cambia en cada sesión) y un escáner de mano, a un búnker aislado de internet en el que se encuentran 7 cajas fuertes. Cualquier movimiento brusco en esta sala activa una alarma que bloquea los accesos al lugar con barrotes de acero. Los depositarios hacen uso entonces de sus llaves físicas para extraer de las cajas sus correspondientes llaves informáticas. En otra sala y tras tomarse una fotografía con el periódico del día, utilizan simultáneamente esas llaves para acceder al servidor donde se almacena la clave maestra...» No sé si se acaba de entender del todo el sistema, pero lo relevante es que muchos sentimos una muy insana envidia hacia esas (previsiblemente muy bien pagadas) personas que se reúnen cuatro veces al año en distintas partes del mundo a llevar a cabo el infantil y divertido juego de las llavecitas. ¿Se imaginan pegando un salto dentro de la cámara búnker haciendo caer los barrotes y diciendo a los otros: ¡Es broma!? No sé donde encuentran algunos esos empleos. Con trabajos así, ¿quién querría ser millonario, rentista o canónigo?

George Orwell se equivocó en muchas de sus premoniciones expresadas en su *1984* (empezando por el año), pero desde luego no en el empeño del Gran Hermano por conocer lo que hacen y dicen sus semejantes.

¿Y nuestros espías? ¿Qué hacen? Ellos sabrán. Una de las condiciones que se espera de ellos es que no trascienda su actividad. A veces, sin embargo trasciende, y entonces…

El hecho de que el Ministro del Interior de España, señor Fernández Díaz, reemplazado en una posterior remodelación gubernamental, hable con el director de la Oficina Antifraude de Cataluña para incitar a éste a que encuentre indicios — mejor, pruebas— de corrupción entre los líderes de la independencia catalana para desacreditarles no sorprende nada. Es más: después de lo que hemos visto en este país (y en otros vecinos) en actuaciones anteriores sorprendería que no lo hiciera. No digo que no sea reprobable, ni que sea ético, ni de gran calidad democrática ni nada por el estilo. Es que los ministros del Interior —jefes de las policías— discípulos de la Academia del gran Fouché y bajo la manta del secretismo que les confiere la custodia de la seguridad del estado han protagonizado las intrigas palaciegas más extravagantes y, a menudo, chapuceras de la escena política. Aquí y en todos lados (recuerden sino el ataque y hundimiento del Rainbow Warrior, barco insignia de Green Peace, por los Servicios Secretos Franceses o la ejecución de presuntos terroristas irlandeses en Gibraltar por el MI5 británico).

El jefe conservador de las policías de España conmina al vigilante de la recaudación a que ponga la lupa sobre sus enemigos políticos de la misma manera que Florentino, directamente o por intermediario solvente, harto de ver ganar títulos al eterno rival, puede invitar al recaudador de Hacienda, sentado cómodamente en el calefactado palco del Bernabéu, a que revise las cuentas de los de la Travessera de les Corts, no vaya a ser que a alguno de Can Barça se le haya ocurrido hacer lo que hacen todos. ¡Hasta ahí podíamos llegar!

Lo que resulta insólito es que al todopoderoso y tramposillo exministro le grabaran la conversación… ¡En su propio despacho! Con una claridad y resolución meridiana: como de estudio de grabación, vamos. Para lo cual, o bien su interlocutor le estaba grabando de manera premeditada para difundirlo después —lo que parece improbable por aquello de que nadie echa piedras sobre el propio tejado—, o lo grabó un tercero interviniendo el teléfono de uno (o los dos) interlocutores sin que estos lo supieran —lo que no es muy probable dada la calidad de la grabación, sin ruidos ni interferencias— o bien el ministro tiene su despacho lleno de micrófonos, con lo que el material grabado puede ser (casi) infinito. No sé qué opinarán ustedes, pero el hecho de que espíen al Ministro del Interior que es el que por tradición espía a todos los demás no deja de resultar divertido. Es como poner un ojo electrónico y un magnetofón en el cuarto de baño del Gran Hermano. ¡Ay los espías! ¡Nunca decepcionan!

El asunto parece ir de celos entre patriotas comisarios, todos ellos altos cargos policiales y por asuntos pendientes que incluyen asuntillos del pasado por los que se declararon odio eterno. Eugenio Pino, jefe de los Antidisturbios con Aznar y en cargos más anodinos con los socialistas, comisario con el que el Ministro había puenteado en muchos asuntos al director general de la Policía, Ignacio Cosidó; Marcelino Martín-Blas Aranda, comisario jefe de la opaca Unidad de Asuntos Internos y José Manuel Villarejo, también comisario de policía, condecorado con una medalla pensionada en 2014 por sus operaciones policiales en Cataluña, son protagonistas de un lío de enemistades, celos y revanchas que incluyen grabaciones del caso del Pequeño Nicolás y actuaciones en la Operación Emperador contra la mafia china, en que un comisario involucraba al hijo de otro de ellos. Todos ellos, en el momento de las grabaciones a las puertas de la jubilación, engrosada en muchos casos por méritos remunerados por «Servicios a la

Patria», han creado una red de rencillas y traiciones en la cúpula policial que expusieron al incauto ministro a la ignominia y el descrédito. ¿Se puede pedir más?

Bueno, está Argentina y el tipo que tiraba sacas de dinero por encima de la tapia de un convento, pero eso ya lo he contado. ¡Ah!, y las posibles trampas que se le tendían a Strauss Kahn, siempre dispuesto a pecar cayendo en ellas. Pero eso ya ocurrió hace tanto…

LA IGLESIA DE BROMA

Hablando del Papa de Roma, por la puerta asoma.

Dichos, dimes y diretes

Vivimos una época dura en cuanto a atentados yihadistas se refiere: París, Bruselas, Berlín Estambul, Niza, Londres, Estocolmo. Barcelona… que palidecen en crueldad comparados con otros que, por producirse en lugares como Irak o Afganistán, nos resultan más remotos. Hay incruentos atentados yihadistas, sin embargo, que no carecen de comicidad. No hace mucho que la página web del obispado de Lugo fue atacada por *hackers,* lo que obligó a ser cerrada y rehecha por sus administradores. El hecho de que *hackers* islamistas (como han desvelado los responsables de la página diocesana) se dediquen a torpedear la fe cristiana me resulta plausible, pero, ¿por qué Lugo? No resulta fácil llegar a imaginar una razón por la que un grupo islamista —en este caso el identificado como *Tunisian Cyber Resistance All Falaga Team*— cuyo objetivo primordial es la «proclamación del Islam como única religión», se dedique a desbaratar, dejar inoperativa y llenar de virus la página web de… el obispado de Lugo.

Pongámonos por un momento en el lugar de los malvados islamistas puestos a hacer temblar el edificio del cristianismo y enseñar a los cristianos, de una vez por todas, la verdad del Islam. ¿Creen que deciden atacar al Vaticano y sus finanzas?, ¿a las directrices de la Congregación de la Doctrina de la Fe y sus mandatos?, ¿a parodiar, desprestigiar y ridiculizar el Catecismo?, ¿a desvelar y/o exagerar los casos de pederastia de los príncipes y soldados de la Iglesia?, ¿a bloquear la acción de la Conferencia Episcopal Española o de Cáritas? Pues no, eso sería demasiado obvio: el objetivo es paralizar la actividad normalizada de la diócesis de Lugo. No consta que el detonante del ataque fuera la titularidad del obispado, ejercida por Alfonso Carrasco Rouco, sobrino del cardenal Rouco Varela, que fuera Presidente de la Conferencia Española. El verdadero motivo es que son astutos y malvados y saben que si cae Lugo, caerá todo lo demás: Calahorra, Ponferrada, Cuenca, Albacete y otras plazas fuertes. Y caídas estas plazas, se verá consumado el fin de la civilización cristiana.

Como cayó no hace mucho, por muerte natural, el sacerdote Gabriel Amorth. Es posible que el nombre no les diga nada, pero eso es solo porque no han tenido negocio alguno con el diablo, en cuyo caso usted o alguien de su familia es muy posible que hubiesen buscado la concurrencia de un exorcista, y ahí, amigos, el sacerdote Amorth era una autoridad.

¿Sus credenciales? Exorcista del Vaticano y de la Diócesis de Roma desde 1990, fundador de la AIE (Asociación Internacional de Exorcistas) que cuenta con 250 exorcistas en 30 países y ejecutor (según el texto que acompañaba la noticia de su muerte) de más de 70.000 exorcismos llevados a cabo en su larga vida profesional.

Aturdido por la cifra leída y puestos a hacer cálculos: a un exorcismo diario, trabajando todos los días del año incluyendo Nochebuena, Año Nuevo, Ferragosto romano (en que en la ciudad no quedan sino turistas con o sin demonio dentro)... necesitaría 192 años para llegar a esa cifra. En el caso de hacer dos diarios se podría apañar con sólo 96 años de ejercicio... Hagan ustedes sus cuentas. ¿Han visto la película de *El Exorcista*? ¿Se imaginan lo que sería hacer cuatro o cinco de esas actuaciones, cuando no ocho o nueve, «todos» los días del año, incluyendo los días de dolor de muelas o gripe? Y, ¿de dónde salen tantos endemoniados? A tenor de los números que ofrece la carrera del insigne exorcista debe de haberlos a millares aunque, probablemente, ninguno de nosotros hayamos encontrado a uno de carne y hueso, habida cuenta de que Don Cicuta, el judío Shylock y Doña Urraca son personajes de ficción.

El hecho de que en los tiempos que corren haya personas que crean en el demonio es algo inaudito. Entiéndanme: todos creemos en el mal y algunos llaman a eso demonio pero, ¿aún hay alguien que pueda creer en la existencia de un «ser» malvado, mosqueado con Dios Omnipotente que se introduce en el cuerpo y alma de algunos (al parecer al azar) y los vuelve en contra divina al tiempo que les hace levitar y tirar espumarajos por la boca? ¿Por qué habría de permitirlo Dios en su omnipotencia? ¿Cómo pueden estos tipos ir por ahí con un crucifijo, una ristra de ajos y una estaca espantado espíritus y tomarse a sí mismos en serio? Tras investigar algo la biografía del sacerdote espantademonios, hombre afable de apariencia y leer alguna entrevista concedida por él en el pasado, he decidido incluir algunos de sus hechos y opiniones:

Hizo su primer exorcismo en 1986 bajo la tutela del padre Cándido Amantini, su maestro.

Criticó las novelas de Harry Potter declarando que «detrás de Harry Potter se oculta la firma del rey de la oscuridad, del diablo ya que en estas novelas no aparece marcada la distinción entre lo blanco y lo negro y carecen de espiritualidad y religiosidad», pues «la magia es siempre una vuelta al diablo». (No dice nada, que se sepa, del mago Tamariz).

Su película favorita, según divulgó en una entrevista al London Sunday Telegraph, es —cómo no— *El exorcista,* de la que el cura añade: «Por supuesto, los efectos son exagerados, pero es un buen filme, y exacto sustancialmente, basado en una notable novela que refleja una historia verdadera».

Ha escrito tres libros: *Un exorcista cuenta su historia, Un exorcista: más historias y Más fuertes que el mal*, que no he leído, pero que no descarto hacerlo como fuente de inspiración de ficción literaria y malsana curiosidad.

En una entrevista se le preguntó: «¿Cómo se da cuenta de que alguien está endemoniado?» «Lo sé durante la curación, no antes», contestó el sacerdote. «Un síntoma inequívoco es la violentísima, visceral aversión hacia todo lo sagrado (…). Después está el hablar en lenguas desconocidas, la explosión de una fuerza sobrehumana, la levitación: todas son cosas que suceden durante los exorcismos».

En *Rugidos y Sollozos* (Alexander Smoltczyk/ Efe/ La Razón), el autor relata una actuación del cura en una iglesia romana, tras lo cual anota las palabras del ejecutor con respecto a su *modus operandi*:

«Lo primero que hago es preguntar al demonio cuál es su nombre. A menudo no quiere decirlo, pues se vuelve más vulnerable. No hay que hacerle nunca preguntas estúpidas, como si la Roma ganará al Lacio. Sólo preguntas directamente relacionadas con la curación del poseído. Así, que, primero el nombre; luego el día de entrada en el cuerpo, los motivos y quién lo envía», explica el exorcista; lo cual no deja de ser sorprendente tratándose del diablo. ¿Quién va a enviar al diablo al mundo si no es él mismo? ¿Y el nombre? ¿Qué espera que le conteste?: ¿soy Lucifer, Satanás, Belcebú…? Y en ese caso, ¿cuál sería la diferencia? ¿Es que Belcebú es más fácil de derrotar que Lucifer o Satanás?

Por fortuna, según el padre Amorth, la posesión demoníaca no es ni hereditaria ni contagiosa, gracias a Dios.

Como buena vendedora del más allá, la Iglesia de Roma ha decidido no ser sólo la reguladora de los destinos del alma (que ya es) sino, también, de los despojos del cuerpo. Sería absurdo a día de hoy que la Iglesia se opusiera a la incineración, tan arraigada en nuestra sociedad como las despedidas de soltera. Es higiénica, es rápida, resuelve de alguna manera el problema del espacio (que no de la contaminación) en un mundo con tendencia a la superpoblación y sustrae a las familias de engorrosas visitas a esos horribles lugares llenos de siniestros pasillos y alamedas con letras y números que son los cementerios (de las ciudades al menos, no de los pueblos). Además, ha proporcionado escenas cómicas memorables en la historia del cine, como el episodio de echar al mar las cenizas del amigo muerto en la película *El gran Lebowsky*. La Iglesia, que nunca ha tenido una relación fácil con la incineración, se ha empeñado en decir que el esparcimiento de las cenizas en aguas y praderas y la preservación de las mismas en las casas y sitios así no es cristiano y no merecen un funeral de tal índole, de modo que el sacerdote se negará a hacer el funeral de la abuelita, beata ella y asidua de la parroquia, si el cura detecta que la familia planea conservar las cenizas de la anciana en un jarrón encima del televisor, haciendo compañía a Sandra Sabatés, en vez de llevarla a un camposanto en el que esperar pacientemente el día de la resurrección. Un sacrilegio.

Estamos ante un nuevo dislate de la Congregación de la Doctrina de la Fe, aunque habría que reconocer que la argumentación es consecuente. Para la institución vaticana, la medida se toma para combatir cualquier «malentendido panteísta, naturalista o nihilista», que es una manera más aseada de argumentar la toma de posición que las veleidades demoniacas del padre Amorth respecto al diablo.

La decisión recuerda a aquella del Santo Oficio, por allá por el reinado de Carlos IV, que decía: «El Santo Oficio impondrá severo y ejemplar castigo a todo aquel cristiano que con maléficas artes inhale o expela humo por cualquiera de sus orificios naturales…». Siglos después Zapatero ayudó al acatamiento de la orden de la institución eclesiástica retirando el tabaco de bares y restaurantes, fuere cual fuere el orificio «natural» por el que se expeliera el humo. Quién lo iba a decir. Tenía que ser él.

CAPÍTULO II

LOS GUARDIANES DE LA MORAL

Hay aficionados a la ópera, al flamenco, al teatro clásico, al jazz, a la canción española o la protesta, al musical de Broadway o el *rhythm and blues*. Si uno va a la ópera es posible que, pese a la reticencia de algunos como el escritor Javier Marías, se encuentre con una realización innovadora en lo estético. En *El ocaso de los dioses,* de Wagner, puesta en escena por la Fura dels Baus, las celebradas ninfas del Rin (hace falta tener una mente peculiar para imaginar ninfas en el Rin sin sonrojarse) aparecían nadando en unos tanques transparentes de agua en medio del escenario y algunos cantantes hacían sus gorgoritos suspendidos en el aire por arneses. Algunos aplaudieron la osada escenografía, a otros no

59

les gustó nada y a algunos otros les dejó indiferentes, en la medida en que se respetaba la partitura musical. Bastante tuvieron con aguantar cinco horas de inverosímiles enredos mitológicos.

Es muy posible que en una interpretación de *El Rey Lear,* de Shakespeare, la acción se sitúe en la corte del Imperio Austrohúngaro y el Rey tenga chófer y quizá pistola. ¿Quién se escandalizaría ante una versión de *El Mercader de Venecia* o de *Mucho ruido y pocas nueces* en versión moderna, en la que Shylock fuera un moderno banquero o el Príncipe don Pedro de Aragón sea negro (Denzel Washington)? Aceptamos el envite como un juego, como un artificio más del artista que puede añadir o quitar encanto al texto original, según gustos. De la misma manera, el aficionado al flamenco está acostumbrado a que sus intérpretes se alíen con gentes del *jazz*, de la música clásica o del *rhythm and blues* y escenifiquen sesiones y hasta conciertos enteros de fusión, de acercamiento y mezcla de ritmos y estilos, como lo han hecho Raimundo Amador o Paco de Lucía con BB King o Eric Clapton o los Beatles con Ravi Shankar y su sitar.

¿Y la zarzuela?, ¿qué pasa con la zarzuela? Es un mundo aparte. En el Teatro de la Zarzuela, en Madrid, se estrenó el musical *Cómo está Madriz,* una interpretación irreverente y libre de dos obras: La *Gran Vía* de Chueca y *El año pasado por agua* de Valverde. Paco León hacía de protagonista conductor del relato; de un relato moderno y pasota en dónde se alude al gasto faraónico de las obras públicas de la ciudad —como, por cierto, ocurría en La Gran Vía original— y otras parcelas de la actualidad envuelta en (al parecer) estupendos números musicales de las obras de Chueca y Valverde.

¿Y cuál fue la reacción del público montaraz y requeté zarzuelero ante el «innovador» experimento? Ruiz Gallardón, ante las críticas a un Ayuntamiento arruinado y a la corrupción política, se levantó a media función (ya se sabe lo mal que sienta ver de frente a los demonios) y se fue. Otras personas sacaron silbatos del bolsillo y boicotearon la obra que tuvo que pararse a mitad, lo que resulta sorprendente: «si sé que el espectáculo es irreverente y me molesta (y lo sé, puesto que me meto un silbato en el bolsillo), ¿por qué pago el billete y voy a ver algo que «sé» de antemano que «es» ofensivo?» Así es el respetable, que se conduce con una lógica implacable. Si hay un público dispuesto a pagar por pasar miedo o desazón y a hartarse a llorar en un drama, ¿por qué no ha de pagar por enfadarse, que es, sin duda, el deporte nacional celtibérico? Todo es susceptible de cambio, de evolución de reinvención, de modernización, pero la zarzuela parece ser el reducto de los irreductibles.

No están solos los zarzueleros protestones. Se sienten arropados por toda una amalgama de Falleros, Rocieros, Sanfermineros, Lanceros del Toro de la Vega, pistoleros de Montejurra, Guardianes del Tabernáculo, Clavariesas de la Virgen de la Gruta, Damas del Corpus, Cofrades de La Más Dolorosa de las Muertes, del Peor de los Dolores y del Prepucio del Niñito Jesús; Alféreces Definitivos, Nostálgicos del Novio de la Suerte, Acólitos del Perdón de los Pecados Veniales, Amigos del Azucarillo, el Barquillo y el Aguardiente, Adoradores de la Barretina; Lobistas del Aurrescu y del Silbo Canario como disciplinas olímpicas, y por todos aquellos que dan consideración de sagrado a su propia ideología, afición, devoción o *hobby* y que se compran el ticket para ver una función que saben que les molesta con el único propósito de criar mala leche y hacérsela criar a los demás. ¡Que Dios, Yahveh y Alá les confunda!

LOS REYES MAGOS

Ya vienen los Reyes por el callejón,

pronto nos traerán barritas de turrón

Villancico popular

Es bueno para cualquier ciudadano viajar fuera del país de cuando en cuando. Hay que ver las cosas que cura el viajar si se hace con los ojos abiertos, entre otras, las afecciones nacionalistas y racistas. Algunos, como es mi caso, gustan de irse fuera algunos días a final de año y primeros días de enero, para ver de ahorrarse la celebración de la Nochevieja, con sus vacuos protocolos de la enojosa prenda roja, el forzado e imposible —para muchos— ritual de las uvitas y el más interesante debate del vestido de la Pedroche, que nos sorprende año tras año con un paso más en la reducción de tela siguiendo un camino de incierto final, de modo que me perdí la gran tormenta mediática de los trajes de los Reyes Magos en Madrid. ¡Una lástima! ¡Benditas tormentas en vasos de agua! Son enconadas, absurdas y, casi siempre, incruentas. Los tradicionales personajes salieron vestidos, en el año posterior al del «poliamor» y los «zascas», con lo que a muchos les pareció cortinas de baño en lugar de los mantos de armiño de los reyes de verdad: los de Oros, Copas, Espadas y Bastos, que junto con la Reina de Inglaterra, que se disfraza de Reina de Diamantes cada año para la apertura del año parlamentario, hacen un imbatible repóquer de reyes. Estaba claro que el año, entre las cortinas de baño de los Reyes y la fascinante escasez de tela del *quasi* inexistente vestido de la Pedroche, iba a ser el año de los trajes, con el permiso del señor Camps, al que parecía haberse tragado la tierra. Lloré al enterarme de la enorme decepción que la hijita de seis años de la diputada Cayetana Álvarez de Toledo había sufrido al apreciar a su corta edad —vean la temprana y pronunciada sensibilidad hacia el tradicionalismo de los retoños de nuestras élites— el fiasco del traje de Gaspar. Me flagelo con mis conciudadanos de pensar que el Rey Baltasar era un negro de verdad y no un concejal del PP de cinco apellidos con la cara pintada con un tizón. Como español de pura cepa detesto todo lo que sea étnico, progresista, innovador, multicultural, que vaya en bicicleta o que no provenga de Ponferrada, como el botillo o Luis del Olmo.

Para ver qué hay de sustancia en la cruel decepción de los niños/as herederos de la tradición me lanzo a documentarme directamente a las fuentes: la Biblia. Recurro a un muy digno ejemplar del Círculo de Lectores, coordinado y prologado por el profesor de Sagrada Escritura P. Serafín de Asenjo, O.F.M. Cap, y en las Sagradas Escrituras me encuentro con la primera sorpresa: la Epifanía (o Adoración de los Reyes) aparece únicamente en el Evangelio de Mateo. Ni Marcos, ni Lucas ni Juan hacen la mínima alusión al acontecimiento. ¡Bien empezamos!

Mateo escribió su Evangelio por los años 70 de nuestra era en arameo, aunque a nosotros nos ha llegado solo la versión griega. En la traducción al español (del griego clásico) del relato del evangelista se lee: «Después de nacer Jesús en Belén de Judea, unos magos llegaron de Oriente a Jerusalén preguntando: ¿dónde está el Rey de los judíos que ha nacido?» Pero, ¿cómo? ¿Magos?... ¿No hemos quedado que eran reyes? ¿Y, cuántos eran? ¡A ver si el *atrezzo* de cortinas de baño a modo de Merlín o el Mago de Oz va a ser más auténtico que los armiños de los reyes de la baraja!

No salgo de mi asombro, pero como se trata de traducciones del arameo al griego antiguo y de ahí al español y es un terreno en el que uno no anda muy seguro, sospechando que pueda haber algún matiz *lost in translation,* recurro a la reputada fuente del saber actual anterior a la Wikipedia: la Enciclopedia Británica, en su versión digital.

Para empezar, yo nunca he oído en inglés referencia alguna a reyes de ningún tipo que vayan a Belén vistan o no armiño — aparte claro está de Herodes, que no fue pero se dejó notar—.

Siempre los he conocido como *The (Three) Wise Men* (los hombres sabios) lo que me produce algo de confusión, pues la Enciclopedia me dirige a Magi (the Magi). Y leo en la entrada: «*Magi, singular Magus, also called Wise Men. The noble pilgrims "from the East" who followed a miraculous guiding star... (Matthew 2:1 – 12)*» (Magi, singular Magus, también llamados Hombres Sabios. Los nobles peregrinos «de Oriente» que siguieron una milagrosa estrella guía… (Mateo 2:1-12)

Y continua la Enciclopedia:

«*Eastern traditions set the number of Magi at 12, but western traditions set their number at three, probably based on the three gifts of gold...*» (Las tradiciones orientales fijan el número en doce, pero las occidentales lo fijan en tres, probablemente basadas en los tres regalos de oro…)

Y hasta aquí podíamos llegar. Si la Biblia del Padre Serafín de Asenjo —Profesor de Sagrada Escritura— les llama magos y no dice cuántos son y la Enciclopedia Británica les llama también magos (y/o sabios) y determina que son doce según la tradición oriental y tres según la occidental ¿por qué se escandalizan los niños y las mamás del lugar hasta negar el perdón a la malvada Carmena? ¿Es a causa de la tradición? Pues contra La Tradición, La Razón. Eso sí: la de la Biblia y la Enciclopedia Británica y no la de los Guardianes de la Moral que andaban envalentonados por otro acontecimiento ocurrido, días antes, también en la capital de España, lugar, al parecer encargado de la custodia de las esencias del bien pensar y el buen hacer. Y por lo que a uno respecta, la verdad, que vistan como quieran.

El caso es que unos días antes a la edición de los Reyes ataviados con cortinas de baño, el Ayuntamiento de la capital había organizado una sesión de teatrillo de marionetas para los niños en plena calle. Sea por imprudencia o falta de vigilancia en los contenidos, una de las obras resultó ser totalmente inadecuada para el público al que, al parecer, iba dirigida, que no era otro que el que formaban familias con niños en busca de entretenimiento extraescolar navideño. Juzguen ustedes. Según lo leído en un periódico «…una monja se clavaba un crucifijo en el pecho. Una mujer se metía unas tijeras entre las piernas con la intención de abortar…» Según uno de los presentes, la mujer, la bruja, es violada por su casero y ella lo mata. Queda embarazada y una monja trata de robarle el bebé. La bruja acaba con ella también. Aparece también un policía corrupto y un juez que la condena sin pruebas… que son también muertos por la intrépida bruja… En fin, como pueden ver, la obra idónea para las mentes de los tiernos infantes; justo a la que usted, lector, y yo mismo llevaríamos a nuestros hijos, sobrinos y nietos. Llegó la Policía, desmontó el circo, trincó a los cándidos titiriteros y los metió en prisión, acusados de…

apología del terrorismo. Entre tanto despropósito se les ocurrió usar un cartelito de 30 centímetros con la leyenda GORA ALKA – ETA que el policía corrupto puso en casa de la bruja para incriminarla. Y eso, para los apologetas de la decencia fue demasiado. Incitaba a la acción terrorista. No sólo era un atentado al buen gusto ni un material inadecuado para el público infantil, que tuvieron que interpretar escenas truculentas de mujeres provocándose un aborto con unas tijeras o monjas clavándose crucifijos en el pecho, no. El inocuo cartel, de difuso mensaje e incomprensible para los niños (y la mayoría de los adultos) constituía el verdadero insulto a la decencia y las buenas costumbres. Se trataba de una burla a las víctimas del terrorismo. Ya ven.

La edición posterior de la cabalgata de la capital de España fue menos pródiga en eventos y turbulencias. No hubo enormes decepciones en las hijitas de las diputadas que no fueran susceptibles de otorgar el perdón a la alcaldesa ni ocasionó desgarros de vestiduras en las nutridas masas de tradicionalistas locales. Aún así, nos brindó su momento divertido con el absurdo diálogo entre un comentarista de un medio de comunicación y un actor figurante de la *Cabalgata de Carmena*: «Hola Colón», dijo el ¿periodista? «Soy Copérnico», contestó el personaje. Corto diálogo que a pesar de parecer inocuo, produjo gran hilaridad y regocijo en las redes sociales por la densidad del contenido y segundas lecturas. Lo que pretendía ser otro ataque a la línea de flotación del *podemismo* y su pretendido repudio al papel explotador de la nación española en América, acabó siendo… un buen chiste. ¡Ay, este Madrid! Nunca nos decepciona. Estoy esperando con impaciencia la cabalgata del año próximo para ver que otra nimiedad nos trae que vuelva a desatar la indignación de los iracundos; de Madrid y de fuera.

LOS VIGILANTES DE LA PLAYA

La indignación (deporte favorito del español) concede al que la siente una rica sensación de superioridad moral sobre el otro.

JOHN CARLIN

Los guardianes de la moral no duermen, no cejan en su empeño de ordenar el mundo a su modo y manera y embestir a todo aquel que no siga la norma impuesta por la tradición o la ideología. Y no crean que se trata exclusivamente de personas tradicionalistas, conservadoras y de derechas, no. Muchas lo son, pero otras son talibanes de lo contrario: de la rabiosa modernidad y de lo políticamente correcto. Estas personas tienen por costumbre leer libros para compararlos con su particular catecismo y condenar todo aquello que no concuerde con él. Las hay que los miden con el catecismo cristiano y las hay que ven en todo apología de algo: del *bullying*, del machismo, del terrorismo, del clasismo, del populismo, del igualitarismo o de cualquier otro *ismo* que se les pueda ocurrir. Ocurrió con el libro *75 Consejos para sobrevivir en el colegio*, de María Frisa, publicado por Alfaguara: un librito sarcástico sobre las tribulaciones de una chica imaginaria de 6ª de Primaria y sus cuitas con la familia, novietes, amigas, profes… en tono irónico y pseudorebelde. La acusan de apología del *bullying* y del machismo (entre otras cosas malas) e iniciaron una campaña contra la autora y el libro en Internet conminando a la editorial a su retirada, cosa a la que la editorial, con muy buen criterio, no accedió, ¡faltaría más! Pasen de ellos; son la peste; de lo contrario acabarán pidiendo que se reescriban las historias de Guillermo Brown y hacerle abandonar la banda de los Proscritos y se una a la de Apaciguadores-Mediadores de Individualidades y Colectivos en Conflicto.

En la novela *La mancha humana*, Philip Roth relata la caída en desgracia que lleva a la jubilación forzada a un profesor de lenguas clásicas en una universidad de la costa Este americana por utilizar la palabra *spook* para referirse a dos alumnos que nunca habían aparecido por sus clases. Para su desgracia, se trataba de dos alumnos negros y la palabra *spook,* en el inglés americano, tiene dos significados: espíritu o fantasma, que es a lo que se refería el profesor dada la incorporeidad de los alumnos, o *negro*, persona de raza negra, con una connotación negativa. La incorrección política que supone el empleo de una expresión peyorativa hacia la hipersensibilizada minoría negra, unida al hecho de que el catedrático no viera la necesidad de disculparse (¿por qué había de hacerlo si no los había visto antes y desconocía su condición racial?) y las ganas de moverle la silla por parte de algún arribista, acabaron con la carrera del docente, en un ilustrativo relato de la irracionalidad a la que pueden llevar el cultivo de los *ismos*.

Lo dicho: me encantan las tormentas en vasos de agua. Y el sonido del rasgado de las vestiduras de fariseos y otros guardianes de las esencias. Una pequeña pero violenta tormenta se produjo en la soleada ciudad mediterránea en la que habito cuando el nuevo ayuntamiento decidió instalar una veintena de semáforos algo diferentes: los muñequitos llevaban falda. ¡Ahí es nada! La verdad es que la visión de semejante transgresión es bastante decepcionante. Yo mismo, de no haber estado al corriente de la novedad no me habría dado ni cuenta, pero ¡ojo!, andaba prevenido y pude ver el pecado como lo veían los sacristanes de la posguerra que se encaramaban a las vallas de los solarios de las playas y piscinas para poder ver a las mujeres semidesnudas y así, poder denunciarlas mejor.

Otra decepción fue averiguar que el atentado a las buenas costumbres no había costado ni un duro. En esta ciudad, enemiga acérrima de Robin Hood, estábamos acostumbrados a que nuestras autoridades tomaran el dinero de todos (de los pobres) y lo ofrecieran generosamente a cualquier celebridad, se llamase Bertarelli, Julio Iglesias, Eccleston, Urdangarín…, con tal de que fuera millonario, nos pasara la mano gentilmente por la espalda y nos dijera lo modernos y guapos que somos y lo soleada y alegre que es nuestra tierra.

Estaba yo tan contento después de ver el simpático ideograma del muñequito con falda, descarado, barato y de lectura clara hasta que me decidí a documentarme para escribir este texto. Ahí empieza mi gran decepción. Dejando aparte que los paletos de Manhattan prefieren poner confusos carteles de WALK y DON'T WALK para poder masacrar así a los que no saben leer el inglés y los berlineses a usar el ridículo hombre del sombrerito, con lo anticuado que queda, resulta que no somos los primeros. El pro-feminista alcalde catalán y catalanista, provocador y acérrimo enemigo de la propiedad privada, Joan Ribó, y sus secuaces, no han sido ni los primeros ni los más audaces. De acuerdo con mis pesquisas en Internet, Fuenlabrada, Sagunto, Jaén, Lugo, Gijón, La Coruña y Vitoria ya tenían instalados algunos de estos semáforos con ideogramas femeninos, cosa que, al parecer, posibilita el sistema de luces LED a coste cero. Pero no acaba ahí la cosa. Para mi sorpresa leo que la ciudad de Soria tiene instalado un semáforo de estas características en el cruce de las calles Duques de Soria con Santa María Josefa. El hecho de que sea «un» semáforo y no varios me resulta enigmático, pero bueno, se trata de Soria; ellos sabrán.

Y lo mejor: la ciudad de Zaragoza, según se lee en El Periódico de Aragón, tiene instalados unos cien semáforos del ideograma de la faldita desde 2008 en la Avenida de Valencia y otras calles de la capital sin que el hecho haya causado revuelo alguno (al menos de relevancia) y al parecer —les aseguro que lo he leído en la noticia de este diario del día nueve de marzo de 2016— fue «por error». La empresa que debía cambiar los antiguos por la versión LED envió al Ebro un pedido que iba para Sagunto y los instalaron allí. Los aragoneses, que tienen fama de tener la cabeza dura pero que parecen tener más sentido común que los apologetas de la revolución y de la contrarrevolución, decidieron, con muy buen criterio, que… ¿qué más da pantalón que falda? Y los dejaron. ¡No me digan que no son grandes estos maños! Adoro la anécdota. Si no fue exactamente así, por favor, no me la desmientan; tengo a los de Aragón en un pedestal.

Para ahondar en mi decepción me entero que la ciudad de Viena había instalado un año antes los ideogramas de parejitas chico-chico, chica-chica, chica-chico… en fin toda la gama, para pasmo de los guardianes de las llaves del templo y que pronto fue copiada por Múnich y por Utrecht… ¿Adónde vamos a llegar? Se aceptó la bicicleta como animal de compañía y ahora tendremos que apechugar con dibujitos de jubilado con carrito de la compra, niño con cocodrilo, mamá embarazada, señora con perrito y bastón, pirata con loro y ¡claro!, chef con gorro. ¿Se lo imaginan? Un desacato.

Está uno en una edad en la que empieza a tomar conciencia de que hay ya más camino recorrido que por recorrer y lo mismo ocurre con muchos de mis amigos. La mayoría tienen formación universitaria y ejercen o han ejercido de profesionales: médicos, profesores, maestros economistas... a muchos de ellos les gusta el *jazz*, fueron de los Stones, son lectores pertinaces de periódicos y libros y a un número significativo de ellos les gusta la novela negra. Empezaron en los setenta a alternar lecturas de Dashiel Hammet, Raymond Chadler o Simenon con los poliédricos espías de Le Carré o Greene y continuaron en los ochenta y los noventa con Patricia Highsmith, Chester Himes, Ross McDonald, Juan Madrid, Vázquez Montalbán... Después descubrieron a los nórdicos y siguieron leyendo historias de Henning Mankell o Camilla Lackbërg alternándolas con ficciones de Fred Vargas, Philip Kerr o de los buenos de Camilleri y Petros Márkaris, para así curarse con el azul del Mediterráneo y los calamares fritos de los empachos de arenques ahumados de los helados bosques de Scania. Nada como un buen asesinato, un buen *jazz* y un vaso de vino para entretener a un inofensivo ciudadano de cierta edad y condición.

¿Cuántos cientos de asesinatos habrá digerido cada uno de mis buenos amigos, que no han tocado ni visto un arma desde que hicieron la obligatoria mili, incapaces de matar una mosca o ponerse delante de un toro tras años de lecturas policíacas? ¿Sería razonable pensar que las lecturas llevaran a mi amigo Antonio, médico en un gran hospital y alivio de tantos males, a empuñar un arma y liquidar, mutilar y escamotear el cuerpo de, digamos, su vecina Aurelita?

Muchos de nosotros crecimos con las historias guerreras de Hazañas Bélicas y el Capitán Trueno. También leíamos el TBO en el que aparecía Doña Urraca, una vieja maliciosa que se alegraba cuando llovía y ocurrían desgracias a la gente, especialmente a los niños. La Familia Churumbel eran unos gitanos graciosísimos en la que todos (hasta el bebé) afanaban "de todo" y tenían la desgracia de que les había salido un hijo honrado y amante de la escuela. Pepón era un cuñado (antes de que éstos se pusieran de moda) muy, pero que muy, holgazán y Agamenón, un paleto *igualico quel defunto de su agüelico*. Todos eran seres histriónicos, exagerados, cómicos en sus manías e inofensivos en su maldad o ignorancia; por una razón: porque eran seres de ficción, como Lady Macbeth, las Ninfas del Rin o Sancho Panza, como Fumanchú o Cruella de Vil. Y todos eran políticamente incorrectos.

El mundo de Tintín era un mundo misógino de bichos raros: un reportero rarito, un marino borrachín, un científico autista y dos policías tontorrones formaban un grupo en el que el personaje femenino invitado —La Castafiore—, con sus estridentes gorgoritos, rompía las copas de cristal y provocaba en Haddock ganas de huir a la Patagonia o al desierto de Gobi. En la aldea de Astérix tampoco había un elenco femenino muy favorecido por los estereotipos, aunque, a decir verdad, tampoco el masculino lo era. Y a pesar de las inmisericordes palizas a los romanos y lo xenófobos que ya empezaban a mostrarse los galos nos hacían disfrutar. Mucho. No eran más que tebeos, historias delirantes, ficción.

Cuando los *millennials* eran pequeños seguían –seguíamos- con interés las divertidas tribulaciones de un chico de Carabanchel que se llamaba Manolito Gafotas que tenía un hermano al que llamaba el Idiota. Ni aquellos niños se llamaban idiota el uno al otro (a no ser que lo hicieran con el exclusivo propósito de herirse) ni vi que se burlaran de nadie por llevar o no llevar gafas. ¿Y saben por qué? Porque las personas, desde la época griega clásica (que yo sepa, pero seguro que desde que se contaron las primeras historias junto al fuego), saben— sabemos— distinguir la ficción de la realidad. A la primera le damos la carga catártica y de entretenimiento que se merece y a la segunda, bueno, a esa nos la tomamos en serio.

Nadie en su sano juicio (menos Trump, quizá) se posicionaría en contra de la denuncia al, a menudo, tratamiento machista y/o paternalista a la figura de la mujer en medios de comunicación y tribunas públicas. Algunos, llevados por la inercia de los tiempos, llevan el asunto demasiado lejos. He leído, de periodistas muy relevantes de este país, la opinión de que las mujeres, en política "no es que lo tengan difícil, es que lo tienen imposible", lo que si consideramos que en Alemania, Reino Unido y casi en EEUU (donde fue la candidatura más votada) hay una mujer en lo más alto de la política, y en las alcaldías de Madrid, Barcelona, Roma y París también, me hace pensar, como dice el famoso lema publicitario de una marca deportiva que *Impossible Is Nothing*.

Por supuesto que la mujer, en la alta política, se tiene que someter al escrutinio de la prensa y del público en general, pero tanto como afirmar que «son casi sobrehumanas», «… soportando el escrutinio constante y pormenorizado de cada parte de su atuendo y aspecto físico….», como he leído en la misma fuente… Hombre; si de Dilma Rouseff se dice que es mandona, rígida, altiva, orgullosa y engreída por algo será, digo yo, que no la conozco. ¿Y si lo fuera?

Se lamenta el autor de que de Hillary se diga que es fría, calculadora y que usa bótox, lo que no creo que sea ningún atentado a la igualdad de sexos; a lo mejor lo compra (el bótox) en el mismo dispensario en el que Bono y Berlusconi compraban el milagroso crecepelo. A la Merkel, como buena luterana se la conoce por su moderación, austeridad y falta de carisma, al tiempo que son celebrados sus trajes de chaqueta pantalón como el atuendo más aburrido después del de Mao. ¿Y? En cuanto a la recién llegada Theresa May, la prensa la ve resoluta ¿?, difícil, testaruda, moralista y «de acero»; más o menos como a la Thatcher.

Trump luce un elaborado tupé de color amarillo que nace de un lateral del cráneo y escala y rodea el resto de la calavera en una pirueta imposible y bien asegurada por la laca. Además es bruto e inculto. Ha leído menos libros de los que ha escrito Mortadelo y no se atreve a publicar sus ingresos, no sabemos si por vergüenza de rico, bochorno por ser más pobre de lo que quiere aparentar o prudencia de defraudador. A Ximo Puig, el preboste valenciano parece que le ha caído un nido de gorriones en la cabeza y se niega a quitárselo hasta cuando se baña y de Sarkocy sabemos que usaba alzas en los zapatos para parecer más alto. Al pequeño Napoleón, medio francés, medio húngaro, le gustaba lucir abdominal y pectoral en sus veraneos de Nueva Inglaterra, aunque nunca supimos lo que había de verdad o de *photoshop* en aquel torso. Otro prócer dado a la exhibición de tórax es el ex KGB Vladimir Putin, amigo de mostrarse sin camisa cabalgando por la estepa siberiana y en otras poses con machetes de campaña y fusilería varia. En eso, Putin es un campeón, pero en cuanto a definición de musculatura abdominal, ninguno como nuestro resoluto Aznar, que consiguió a fuerza de humillar a su entrenador personal, perfilar cada línea muscular de entre pecho y pelvis con una nitidez pasmosa a una edad en la que no era ningún chiquillo.

Todo ello fue y continúa siendo celebrado por la prensa, de esa prensa (como es natural) siempre ávida de mostrar las chispas y los tizones de la hoguera de la vanidad humana y que celebra con regocijo los bañadores sin braguero como el de Rato. De Rajoy (tan anodino) se dice que un accidente de juventud dejó unas cicatrices en la cara que trata de ocultar con la barba y José Bono nos sorprendió hace tiempo con un crecepelo adquirido a un predicador de Dodge City y de magnífico resultado. Pocos han sido, sin embargo, tan osados y renovadores con su figura como el gran Berlusconi que en la vejez sacó pelo, piel tersa y otras novedades de truco y trato con las que lograba embelesar a las, ya de por sí, sugestionables *velinas*; aunque quizá, a pesar de sus entretenidas estancias en Cerdeña sin taparrabos, nunca consiguiera ese bronceado de birlibirloque con que siempre se adornaba Zaplana ya fuera invierno o verano. A Boris Johnson, jefe del *Foreign Office*, exalcalde de Londres y fallido Primer Ministro no se le puede acusar de inculto puesto que dicen que puede hablar latín, pero su biógrafa, Sonia Purnell, escribió de él que «…parece una cesta de ropa sucia con sobrepeso y tiene el hábito de olvidarse de la ducha» y el diario *The Sun* abrió cierto día de verano con el titular *Ballena azul avistada en Córcega,* refiriéndose a Cameron, siendo Primer Ministro y a su descuidada silueta dentro de un bañador azul de más de 250 €. Hugo Chávez era (y es) conocido en esRadio como «el Gorila Rojo» por los colaboradores. Y así, todos.

Afortunadamente, aún no ha llegado el tiempo de que a ninguna de las líderes(as) se le llame ballena azul ni gorila ni cesta de la ropa sucia y olvidadiza del hábito de la ducha pero, dado el descaro de algunos medios, ya llegará. Entonces será divertido escuchar las imprecaciones de los guardianes del templo.

¡A MÍ LA LEGIÓN!

El aire tiembla caliente cuando pasas, toro. Y luego, por un momento, se siente que el sol y tú sois de fuego.

Anuncio de brandy (años 70)

Tienen mis compatriotas la querencia a enviar la Guardia Civil a todo aquel que resulta molesto, carece de humor o tiene, simplemente, mala baba.

Hace unos años, el Concejal de Ahora Madrid Guillermo Zapata, publicó unos *tuits* de un mal gusto colosal, merecedores, a mi juicio, de inhabilitarle para la tarea pública. El chiste —aún con el atenuante de las disculpas, que las hubo— era de una villanía extrema. Venía a decir: «Han tenido que cerrar el cementerio de las niñas de Alcácer para que no vaya Irene Viñas (que perdió las dos piernas en un atentado de ETA a los doce años) a por repuestos». Juzguen ustedes. Para mí y para muchas otras personas de buena fe es un asunto que transciende el mal gusto para entrar en el dominio de la mala sombra. Punto. El autor del *tuit* lo calificó de inocente «humor negro». Ya ven, distintas sensibilidades. ¿Y cómo lo ven muchos de mis compatriotas?

La Sala de lo Penal de la Audiencia Nacional ordenó al juez Pedraz reabrir la causa contra el concejal basándose en el delito de humillación a las víctimas del terrorismo, cuando la propia Irene Villa, (mostrando más sentido común que sus iracundos justicieros) había manifestado su perdón y hasta desdén por el chascarrillo. En fin, el comentario, al igual que el que hiciera el mismo sujeto sobre los judíos es vil, es abyecto, es indigno y es estúpido, pero no es (o no debería ser) delito. Me imagino la cara de idiota que se les quedaría a los padres de las niñas de Alcásser, violadas y torturadas hasta la muerte, al ver que en el chistecito puede haber un delito de humillación… a las víctimas del terrorismo, estableciendo clases también entre los muertos.

Mientras todo esto ocurría en Madrid, en mi tierra, en la bendita y refulgente tierra mediterránea, la actualidad política hervía con el caso Barberá. No por su trágica y repentina muerte, que eso vendría después, sino por el conocimiento público sobre la financiación de las campañas municipales. Recuerden: los que vamos a ser elegidos aportamos mil eurillos a la cuenta del partido con magnánima generosidad, este nos devuelve dos billetes de quinientos del cajón de abajo del escritorio y aquí paz y después gloria. El cuñado de la *Alcaldesa de España*, José María Corbín, resguardado por un incongruente abrigo *camel* del sofocante poniente valenciano, declaraba ante cámaras y micrófonos que «si me entero que mi mujer da mil euros (al

Partido Popular) la corro a bofetadas», haciendo gala de gran gallardía y solvencia de caballo ganador de guerras civiles y domésticas de puertas afuera. Y, ¿cómo creen que reaccionó la política valenciana Mónica Oltra ante tamaño despropósito del galán? Pues, sí. Lo han adivinado. Oltra decidió, o consideró hacerlo, llevar las declaraciones del gallardo abogado a la fiscalía por si encajaban estas con una finalidad delictiva, como si la fiscalía no tuviera bastante con actuar ante los casos de maltrato «real», en los que hay golpes y humillantes vejaciones. ¿Machismo de mal gusto? Sí. ¿Incontinencia verbal imprudente? También. Y mucha. Pero delito, lo que se dice delito, no lo veo.

Como tampoco aprecio delito alguno en el caso de César Strawberry, al que se ha condenado a un año de cárcel, no por haberse —voluntariamente— bautizado con tan pintoresco nombre, como algunos podrían maliciosamente pensar, sino por el asunto de unos *tuits* que levantaron ampollas en un sector de la sociedad que no tardó en pedir la cabeza del «artista total», como se define el cantante y alma mater de Def con Dos.

El "artista total" había osado expresar sarcasmo ante la figura del tristemente secuestrado por ETA Ortega Lara al unirse éste a la formación política Vox, o decir de Esperanza Aguirre que su "fascismo" le hace «añorar hasta a los GRAPO», poniendo en ese «hasta» la carga sarcástica de quién compara Guatemala con Guatepeor y refiriéndose a la misma persona que sin empacho alguno, y con motivos estrictamente de interés político personal, había relacionado a Podemos —y de paso a Carmena (que pasaba por allí)— con ETA. Afortunadamente, no consta que Podemos haya interpuesto denuncia contra la madrileña. La Sala de lo Penal del Tribunal Supremo, sin embargo, a requerimiento de la Fiscalía, decidió anular la absolución con tirón de orejas con que la Audiencia Nacional había resuelto el caso del pintoresco artista «multidisciplinar, nihilista y surrealista» —según sus propias palabras—, que aseguró cuestionar su entorno «desde el humor, el sarcasmo y la ironía, tratando de desconcertar, más allá de los dogmas políticos y religiosos y contra el pensamiento único». Creo que la explicación es convincente. Mucho más que la que todavía no han dado aquellos que durante años culparon diariamente a ETA, Rubalcaba y al Reino de Marruecos de la masacre madrileña del 11 M, sin que nadie, aún, les haya declarado culpables de nada, en beneficio de la sagrada libertad de expresión. Creo que todavía no se han bajado del burro. Nunca lo harán. Son así.

Cassandra Vera es una estudiante murciana de Historia de 21 años de edad que, a lo largo de unos años, ha tenido la inocente osadía de publicar unos *tuits* en tono de burla de lo que fue el asesinato de Carrero Blanco por ETA, ocurrido hace más de cuarenta años, en un mundo todavía en blanco y negro. Carrero Blanco, Almirante de la Armada y Presidente del Gobierno de Franco era considerado como el hombre fuerte del Régimen y plausible sucesor del Dictador en la dirección del Movimiento y la Jefatura del Estado. El 20 de diciembre de 1973, un comando de ETA hizo volar el coche oficial blindado del militar por encima del muro de un convento de la calle Claudio Coello de Madrid con el resultado de la muerte del conocido como delfín del Régimen, así como la del conductor y un inspector de policía acompañante.

La estudiante murciana, entre algunos mensajes muy ofensivos hacia (casi) todo lo que se mueve, había subido 13 *tuits* entre diciembre de 2013 y enero de 2016 de contenido bastante ingenuo, identificando la figura del almirante con la de un astronauta, refiriéndose al atentado como viaje o aventura espacial y cosas así. En general, chistes que muchos hemos contado en alguna ocasión o que hemos oído contar a otros. Es posible que nos hayan hecho gracia, o quizá no, porque los hemos considerado de mal gusto, en cuyo caso, o bien lo hemos ignorado o bien se lo hemos hecho saber al interlocutor. Punto. Al fin y al cabo, nunca ha sido elegante hacer mofa de los muertos o de la forma de morir. Quienes provenimos del mundo rural y ya tenemos unos años, nos acostumbramos de niños a ver a los hombres a la puerta del casino descubrirse de la boina con respeto al paso de un entierro, aunque el difunto fuera un indeseable. La muerte es la muerte.

Lo que para muchos de nosotros es, a lo sumo, una expresión de gusto dudoso o de mal gusto a secas, para los Guardianes de las Llaves del Templo y Apologetas de la Moral es, de nuevo, un ataque a la esencia de la Patria y no han previsto nada mejor que decretar pena de cárcel a la descarada murciana. La Fiscalía de la Audiencia Nacional pide para la estudiante veinteañera nada menos que dos años y medio de prisión y tres de libertad vigilada por unos *tuits* que reproducen unos chistes que todos hemos oído, o incluso contado en cualquier bar de España. La preocupación de la acusada de «humillación a las víctimas del terrorismo», además de la condena en sí, es la huella que producirá en su historial de antecedentes penales que la imposibilitaría de ejercer función docente, lo que para una —futura— licenciada en Historia es un perjuicio a tener en cuenta. Hay precedentes. A Beñat Lasa Fernández se le impuso en 2015 una pena de 18 meses de cárcel por publicar (entre otras lindezas) una imagen del atentado con la leyenda «hasta el infinito y más allá».

Pero a los Guardianes de la Moral, en esta ocasión, les ha salido un Pepito Grillo inesperado. Lucía Carrero-Blanco, nieta del militar, en una notable muestra de gallardía, generosidad y sentido común, a lo Irene Villa, escribió una carta a El País titulada *Enaltecimiento del mal gusto* que no tiene desperdicio. Para no desvirtuar el mensaje —impecablemente razonado— me limito a reproducir aquí algunos fragmentos:

«Tratar de hacer humor con el asesinato de nadie me repugna. Me declaro firme contraria a la violencia, la ejerza quien la ejerza, me da igual que sea ETA o el GAL, Obama o El Che. Me horroriza que se intente legitimar cualquier asesinato (incluido el de Bin Laden, en su día aplaudido por los jefes de Estado de medio mundo), y me entristece que se haga burla de ello. Me entristece como ciudadana a secas, pero supongo que algo más por ser hija de un padre al que le mataron al suyo,...»

«Lo que me preocupa es que un acto de patente mal gusto y carencia de toda sensibilidad se considere un crimen».

«Me asusta una sociedad en la que la libertad de expresión, por lamentable que sea, pueda acarrear penas de cárcel. Considero un error peligroso tratar de que la ciudadanía sea respetuosa a base de amenazas y sanciones desmedidas».

«El miedo jamás genera respeto, solo rencor. Se supone que se trata de un delito de humillación a las víctimas y de enaltecimiento del terrorismo. Al menos a mí (obviamente solo puedo y pretendo hablar por mí), lo que esta persona ha escrito no me humilla en absoluto. Me apena —y quizá inquieta un poco que se quiera dedicar a la docencia—, pero no tiene en absoluto la capacidad de humillarme. Y creo que, efectivamente, hay un enaltecimiento pero, como he dicho, del mal gusto y de la falta de sensibilidad. Confío por el bien de todos en que esta petición no prospere, y que aprendamos de una vez a tolerarnos los unos a los otros motivados por el respeto, y no por el miedo».

En fin, la carta estaba tan cargada de frases llenas de sentido común que me ha resultado difícil encontrar las más representativas o que mejor resumieran el sentido del mensaje. Afortunadamente, en este país con mala uva, que embiste cuando reza y cuando ríe, de espíritu burlón, gritón y vengativo, hay mujeres como Lucía o Irene que conservan la medida de las cosas y el juicio equilibrado capaz de imponer cordura en la jaula de los grillos a pesar de haber sido tocadas por la tragedia. Sólo con sensatez.

LA CONDENA DIGITAL

> *Au village, sans prétention*
> *J'ai mauvaise reputation*
>
> *GEORGES BRASSENS*
>
> *La mauveise reputation (1952)*

¿Qué podría hacer hoy Judas, si viviera, para lavar su pasado? De acuerdo; el tipo hizo una villanía: vendió a un colega por unas monedas; pero, como todo el mundo, debería tener derecho a una segunda oportunidad. Al fin y al cabo, aunque torturado y muerto por la autoridad, el colega se las arregló para salir incólume del evento gracias a sus poderes sobrenaturales, lo que debería de ser un atenuante para su traidor discípulo. Hay distintas versiones sobre el desenlace de la vida de Judas Iscariote: la más aceptada es la de que se ahorcó torturado por el remordimiento (Mateo 27:5), pero hay otras que dan cuenta de cómo se compró un terrenito edificable y logró rehacer su vida hasta que sufrió un desgraciado accidente (Hechos 1:18). Hoy, el tipo lo tendría muy, pero que muy mal. ¿Su mayor enemigo? El mundo virtual, las redes sociales y el algoritmo de Google.

Justine Sacco era una ejecutiva neoyorquina atractiva y exitosa. En su treintena trabajaba como jefa de recursos humanos en una de las agencias de publicidad más importantes de Nueva York. En diciembre de 2013 salió de vacaciones en dirección a Sudáfrica y como hacía a menudo se dedicó a subir mensajes humorísticos a su cuenta de Twitter en la que tenía 170 seguidores. Así, escribió: «Extraño tipo alemán. Vas en primera, clase. Es 2014. Ponte desodorante. –monólogo interior mientras inhalo su olor corporal. Gracias a las compañías farmacéuticas». En su escala en Heathrow, aburrida, escribió: «Sandwiches fríos de pepino. Dientes con caries. En Londres de nuevo». En este tono sarcástico y graciosillo se conducía la ejecutiva hasta que, un poco antes de abordar su vuelo a Ciudad del Cabo escribió el *tuit* que habría de acabar con su reputación y su carrera. Tecleó: «Saliendo hacia África. Espero no coger el SIDA. Es broma. Soy blanca». Y tras este desafortunado texto, puso el teléfono en modo avión y durmió casi todo el trayecto sin ser consciente de que el mensaje, en el momento del aterrizaje, se había convertido en *trending topic* mundial provocando que incluso hubiera gente esperando la llegada del vuelo para increparla y fotografiarla. A la vuelta a Nueva York le esperaba el despido de su trabajo y la pérdida de su reputación. Como ella dice, ni siquiera puede iniciar una nueva relación ya que, lo primero que hacemos al conocer a una persona es preguntar a Google. Para hacernos una idea, según

Google AdWords —que dice el número de veces que un nombre ha sido buscado en el servidor— Justine, que tenía un número de búsquedas de unas 30 veces al mes, fue buscada en 1.220.000 ocasiones entre el 20 de diciembre y fin de año. Prueben a teclear el nombre de Justine Sacco en Google. Verán lo que obtienen. No importa lo que esa mujer haya hecho en sus treinta y tantos años. Toda su vida, para Google (o su primera página de búsqueda, que viene a ser lo mismo) se resume a una frase de menos de 150 caracteres. Y es nefasta.

Otra mujer estadounidense, Linsey Stone, junto con su amiga Jamie, gustaba de hacerse fotos tontas, como fumando delante de signos de prohibición, impostando poses burlescas junto a estatuas y cosas así, hasta que en una ocasión, estando de visita en el cementerio militar Nacional de Arlington, en Washington DC (el cementerio militar de los héroes americanos), se fotografió en pose de grito pelado y dedo anular levantado junto a una señal que pedía respeto y silencio. Su amiga Jamie, con su permiso, subió la imagen a Facebook sin calcular el alcance y la virulencia de las reacciones. Se creó en Facebook una página contra la chica que recibió 12.000 «me gusta» en un santiamén además de los mejores deseos, incluyendo el de su muerte de todas las maneras imaginables. Ya ven; los patriotas se pusieron otra vez en pie de guerra. Esta vez alegando falta de respeto a los héroes caídos.

Tanto Justine Sacco como Linsey Stone perdieron trabajo y reputación por un mensaje en las redes: la primera por un *tuit* que ella misma publicó juzgándolo inofensivo. La segunda, por una foto subida a Facebook por su amiga con su permiso, considerada por ambas graciosa e inocua. Y lo peor de todo ya no es la pérdida de lo que tenían y lo que fueron, sino la imposibilidad de reconstruir sus vidas; por una razón: Google no olvida. A pesar de los esfuerzos que algunas empresas especializadas ponen en el empeño de lavar la imagen de individuos y compañías, reconocen que hay casos en los que poco o nada se puede hacer. Como le ocurriría a Judas Iscariote si viviera en esta nuestra era del *trending topic* y el algoritmo de Google. Prueben a teclear Judas en el Aleph de Palo Alto y verán como el nombre va fatalmente asociado a la traición, como el de Bruto, el de los idus de marzo.

También en nuestro Ruedo Ibérico hemos tenido notables episodios de créditos y descréditos en la red. Además de los casos de Zapata y Strawberry, ya citados, hemos vivido virulentas batallas virtuales entre los formidables, eternos y contumaces contendientes que constituyen los defensores y detractores del mundo del toro.

El joven torero Víctor Barrio murió un día del mes de julio en la plaza de Teruel corneado en el tórax por el toro Lorenzo, de 529 kilos, lo que levantó una enorme polvareda en las redes sociales. Por una parte recogió las naturales condolencias de todo un público compungido por la muerte fulminante de un muchacho de 29 años en plena lid con el astado. Por otra, las manifestaciones de alegría y los insultos de otra parte de la población que vio en la muerte del joven la revancha noble del coloso vegetariano. Los insultos fueron muchos y muy groseros, destacando el texto de un «maestro», cuyo nombre no hace falta reproducir aquí, que acaba su alegato antitaurino y antitorero con un «bailaremos sobre tu tumba y nos mearemos en las coronas de flores que te pongan ¡¡cabrón!!» Así, sin concesiones. De nuevo se iniciaron acciones judiciales contra el autor de semejante misiva y otros tantos de parecida calaña. Fue notable la alocución con la que el periodista Herrera abrió el programa de la mañana de COPE cierto día: «…no sé si me estás escuchando, no tienes perfil de ser oyente de este programa, pero alguien te conocerá… Eres un hijo de puta». Así, a *porta gayola* y en emisión nacional. Entrando al trapo sin titubeos ni complejos.

De este modo estaban los ánimos entre taurinos y antitaurinos cuando otro acontecimiento avivó el enfrentamiento; éste, quizá aún más sucio, en cuanto que incluía sufrimiento infantil.

Adrian era un niño valenciano de ocho o nueve años que padecía cáncer y era aficionado a los toros. El mundo taurino se volcó con generosidad con el chico, organizándole un homenaje en el que toreros profesionales le llevaron a hombros por la plaza, reconociendo el valor de la lucha del chaval y tratando de aliviar un poco la cruel realidad del sufrimiento sin causa (si es que lo hay con causa).

La imagen entrañable del chico pelado por la quimio, a hombros, feliz y homenajeado por toreros fue el revulsivo que provocó a algunos a desear la muerte del chaval en las redes sociales, como finalmente ocurrió en una incipiente primavera. Supongo que, en su ignorancia, estas personas no tenían un conocimiento cercano del alcance de la tortura al que la enfermedad y la medicina estaban infligiendo al cuerpo del muchacho. Apuesto a que entre los detractores del chico no había profesionales sanitarios familiarizados con oncología pediátrica ni familiares directos de casos como el del chaval. Sea por ignorancia o maledicencia, el carrusel patrio nos volvió a demostrar que la vileza de algunos puede ser descomunal, lo que, en mi opinión, no quiere decir que haya delito, sino sólo bellaquería: ruin y mezquina, pero inocua bellaquería. Y como los malvados no se resignan a dejar pasar ninguna oportunidad de expresar su mezquindad, lo volvieron a hacer tras la muerte de Bimba Bosé. Tuvo la Bosé, como es natural tras la muerte de alguien famoso, muchas muestras de cariño y solidaridad hacia ella y hacia la familia. Y tuvo también unos pocos pero salvajes ataques que incluían dosis de odio, homofobia e incluso necrofilia. Hacia ella y hacia su tío Miguel, que tan cariñosa despedida le dedicara en —como no— un *tuit* de despedida. No veo ningún delito en desear la muerte a alguien; ni siquiera a un niño enfermo, o a manifestarlo, como no vi delito en los chistes desafortunados y mezquinos del concejal madrileño de Ahora Madrid o del nihilista Strawberry.

La obsesión por el castigo ante los exabruptos, como los exabruptos mismos responden a lo que Steven Pinker, el filósofo moralista (o utilitarista) australiano, formulara como «expansión de los círculos de empatía» que han motivado, por un lado, el desarrollo del animalismo como ideología global, y por otro, la sanción represiva que las instituciones ejercen sobre las salidas de tono, aún cuando exista el perdón o la indiferencia del ofendido. Para Peter Singer, «el ser humano ha ido expandiendo los círculos de empatía. Inicialmente, este círculo se reduce al grupo cercano de familiares y allegados, donde todo aquel que está fuera es considerado un subhumano y puede ser explotado con impunidad. Pero como ha demostrado la historia, el círculo de empatía se ha expandido desde la familia a la aldea, a la tribu, al clan, a la raza, a la especie humana y, muy recientemente, hacia otras especies, incluso plantas o todo organismo sintiente» (Pinker: 2011, Ch 10). La empatía, pues, hacia el sufrimiento de los animales provoca en los sujetos de gatillo fácil la salida del insulto grosero y despiadado, llegando a invocar a la muerte de su semejante en defensa de los derechos de la especie «inferior», y a los ofendidos la búsqueda de castigo en las instituciones, aún en los casos en que no sea requerido, o ni siquiera bien visto, por los afectados directos.

Mención aparte merecen dos monstruos de las redes: Piqué y Pérez Reverte. Estos están por encima del bien y del mal y, por tanto, a salvo del implacable escrutinio de la masa. Piqué es un fenómeno y también una paradoja. Catalán y catalanista, pocos patriotas rojigualdas han hecho tanto por España como él, que ha defendido los colores con garra, eficacia y solvencia siempre que ha tenido ocasión, y ya van unas cuantas, además de amenizar el cotarro escenificando una simpática rivalidad con otro monstruo de la defensa, este de Camas y madridista. Sin embargo, los guardianes de las esencias patrias, que en su mayor parte no han hecho por su país nada más notable que comer patatas bravas con pimentón y alioli de cuando en cuando, se han permitido pitarle, abuchearle e insultarle tantas cuantas veces han tenido ocasión de hacerlo, por considerar que el mozo se muestra tibio en su españolismo; ya ven. En cuanto a Pérez Reverte, bueno, él tiene licencia para decir lo que se le ocurra. Por algo es capaz de inventarse tantas y tan divertidas historias que le permiten no depender de persona o institución a la que agradar. Y, además, es el creador de Alatriste.

Los nervios están a flor de piel. En todas partes, pero de manera particular en la Red. Cualquier cosa que hagas o intentes hacer en esta nuestra amada patria, si no es del gusto del españolito iracundo (lo que ocurre en el 90% de los casos, tratándose de cambios o novedades) es objeto de los más airados ataques, se trate de la indumentaria de los Reyes Magos, las figuritas de los semáforos, el atuendo de las falleras, los ingredientes de la paella o el trayecto de la procesión del Corpus. El español medio, ese ser a menudo irascible, tirando a indolente y amante de la prebenda, vociferante las más veces y permanentemente enfadado cuando no baila pasodoble, se muestra como si siempre le estuvieran pisando el callo. Haya o no haya razón.

No solo de lo digital vive el ciudadano indignado. Cuando se trata de mostrar su irritación, la vida real da muchas oportunidades; triviales, en su mayoría. Un determinado domingo entré a ver un curioso museo de mi ciudad. Se trata de la Casa de las Rocas, edificio del siglo XV, en la Valencia antigua, en donde se guardan las Rocas, que son carrozas, algunas de los siglos XIV y XV, usadas para la celebración del Corpus Christi y que, en compañía de *Els Gegants* y *Els Nanos,* se exponen en un delicioso, interesante y nada pretencioso museo. A la entrada hay un cartel (en inglés) con la historia y características de cada una de las carrozas del recinto. Junto al cartel, unos folletos (en español) con exactamente la misma información. Mientras miraba el cartel (en inglés) y me informaba de la antigüedad y otros detalles de cada una de las carrozas, una mujer, una indignada ciudadana, se lamentaba amargamente, dirigiéndose a quien la quisiera oír, de que la información fuera dada en inglés y no en lengua vernácula (entendiendo como vernácula el español, claro. Si hubiese estado en valenciano habría conseguido el mismo efecto), culpando al Ayuntamiento y otras autoridades de la grave ofensa proferida a ella y al resto de la ciudadanía. No le importaba en absoluto que justo al lado tuviera un folleto con exactamente la misma información en su idioma, como yo le hice ver. Se negó a tomarlo siquiera y hasta a entrar a visitar la exposición. La ofensa ya estaba hecha. Allí había un mural (exclusivamente) en inglés en su propia ciudad que parecía haber sido diseñado, no para dar la mejor atención al visitante, sino con el avieso y deliberado propósito de ofenderla a ella. Y vaya si lo consiguió. La mujer se consideró agredida hasta la indignación.

La situación, analizada por una mente cartesiana, era la siguiente: Hay un museo. Es interesante y gratuito. Se pueden ver de cerca valiosas carrozas alegóricas de más de 500 años de antigüedad, perfectamente conservadas y que son importantes en la iconografía valenciana, dentro de un magnífico edificio intocado, raro ejemplo de arquitectura civil de la época. Y hay estupendos folletos explicativos a disposición del visitante. Todo esto a un lado de la balanza. En el otro lado de la balanza hay un cartel explicativo en el vestíbulo (solo) en inglés. ¿Por qué algunas personas tienen que percibir como amarga hasta la indignación una experiencia en la que los pros superan a los contras de manera tan clara? Es como si, tras recibir como regalo una vuelta al mundo, lo despreciáramos indignados por el hecho de que los billetes no fueran de primera clase o los hoteles de cinco estrellas. Y la culpa…, del señor alcalde. ¿Ven cómo hay quien sale preparado de casa a que le pisen el callo?

Hace no mucho que apareció en la prensa un gráfico comparativo con las horas en que los españoles, franceses, italianos, alemanes y suecos solemos comer, trabajar, dormir, etc., en el que se ve el desfase de nuestro país con respecto al resto de Europa. Esto es un hecho, no una opinión. Los numerosos turistas quedan sorprendidos al conocer los curiosos hábitos tardíos de los españoles, hábitos que no se corresponden (o no totalmente) a la dicotomía Norte-Sur, puesto que Marruecos y los otros países africanos siguen un horario más o menos cercano al europeo, como también lo hacen Grecia y Portugal. Constituye, por tanto, una peculiaridad española. Existe también, como es natural, la polémica del huso horario. Estando como está el Meridiano de Greenwich en la línea de Castellón, nuestro país adoptó hace años y por motivos discutidos y discutibles la hora de Berlín, en tanto que Portugal y Canarias adoptaron la de Londres, que cae más alineado. Nada es mejor ni peor. Todo es opinable. Cada postura tiene sus ventajas y sus inconvenientes. De este modo amanece algo más tarde (según el reloj) y también anochece una hora después. No pasa nada. ¿No pasa nada? Sigan la polémica en Facebook, por ejemplo. Yo lo he hecho. Alguien de entre mis amigos de la Red subió el artículo que recogió unos 300 comentarios. He tenido la paciencia de leérmelos y no he tardado en toparme con la furia española. Hagan la prueba: tras cuatro o cinco intervinientes apoyando una u otra postura ya habrá alguien llamando idiota al anterior; algo después habrá alguien diciendo a otro que no se entera de nada y cuatro más abajo, alguien muy enfadado por alguna trivialidad llamará subnormal al de antes, que a su vez le había echado en cara cuán lerdo y mostrenco es él, que no ha salido de su pueblo. Siempre ha sido así y sospecho que siempre lo será, en la medida en la que pongas un grupo de españoles lo suficientemente numeroso, un tema polémico y discutible y el debido anonimato que proporciona la Red. Pero, ¿qué os pasa españoles?, ¿por qué si declaráis ser la sal del mundo andáis permanentemente enfadados?

Y es que el español, pueblo de grandes virtudes, no cuenta entre ellas la de ser capaz de discutir o argumentar una idea u opinión susceptible de controversia de manera educada y civilizada. La misma palabra "discusión", en castellano tiene la connotación de confrontación, en tanto que en inglés, *discussion,* se refiere simplemente a comentar algo, sin necesidad de expresar argumentos encontrados. Es relativamente reciente el hecho del desarme de ETA. Tras el anuncio, hace unos pocos años, del abandono de la lucha armada, la organización terrorista ha hecho entrega de varios arsenales ocultos en territorio francés, un paso más en la solución de un enquistado conflicto; en la liquidación del horror que ha supuesto durante unos cincuenta años el asesinato, la extorsión y el terror impuesto por una banda al estado de derecho. En cualquier país del mundo, la noticia de la entrega de armas habría sido una noticia excelente. Aquí, no. A tenor del tratamiento dado al acontecimiento por gran parte de la prensa nacional y de algún que otro partido (incluyendo el del poder, en Madrid), parece tratarse de otra afrenta más. John Carlin, en un artículo en el diario El País, explicaba como Jonathan Powell, mediador destacado en el proceso de paz del País Vasco, así como en numerosos conflictos por todo el mundo —incluyendo Colombia e Irlanda— le cuenta su extrañeza a la inaudita respuesta del Gobierno de España y de una gran parte de la iracunda sociedad local, retrasando y poniendo en peligro la solución del conflicto con su airada actitud, y le expresa, también, la sorpresa por el apego español al concepto, aprendido *in situ* por el mediador, de «crispación» y desapego hacia el término inglés *compromise,* que no es sino la actitud civilizada e inteligente de ceder en cosas intranscendentes con tal de conseguir un buen acuerdo global o solución para las partes.

Ocurre con la bocina del coche. Dele un automóvil a un ibero, con una potente y conminatoria bocina con la que el sujeto pueda impunemente amedrentar a automovilistas y transeúntes. Ponga delante de él a un conductor forastero o inseguro haciendo algún gesto dubitativo en la conducción, aunque sea sin peligro alguno, y verá el prolongado rebuzno mecánico que el del claxon le regala, protegido, eso sí, por el habitáculo de hierro.

PATRIOTAS (DE HOJALATA)

"El orgullo más barato es el orgullo nacional, que delata en quien lo siente la ausencia de cualidades individuales de las que pudiera enorgullecerse"

Goethe

No hay nada más fácil que ser un patriota. De hojalata, claro. Se trata, quizá del hallazgo lingüístico más valioso —y si me apuran, de cualquier índole— de la era Zapatero. Basta con proclamarlo a los cuatro vientos, ponerse una banderita en cualquier parte de la indumentaria y poner cara de cordero degollado en donde quiera que suenen las notas del himno nacional, regional, local, pannacional, supracomarcal o lo que sea. Si eres francés se aprecia que hinches el pecho como un pavo. Si inglés que pongas cara muy, pero que muy solemne. Si eres estadounidense debes ponerte la mano en el pecho y mirar al cielo ya que, como todo el mundo sabe, perteneces al pueblo elegido por Dios, con el permiso de los judíos, los sauditas, los irlandeses y los polacos, claro. Bueno, y de los argentinos, como ha demostrado el Todopoderoso en múltiples ocasiones: de manera singular dando el papado a Bergoglio y concediendo el gol a Maradona contra los ingleses en el Estadio Azteca de México en el mundial de 1986. Dios no ama a Argentina sobre todos los otros pueblos, no. Dios «es» argentino.

Otra de las tareas que debes llevar a cabo, si quieres ser un buen patriota, es la de excluir a los que celosamente expresan su patriotismo por alguna bandera diferente a la tuya. Si eres español, deberás odiar al catalán que se exprese como tal, o al menos tratarle con socarrona condescendencia y hacer mofa y menosprecio de sus barretinas, sardanas y ridícula lengua; y si eres catalán (de los buenos) hacer lo propio con esos españoles de "h" aspirada, sobaco sudado, boina, botijo, secano y hermano Guardia Civil, que sólo quieren comerse —gratis— los espléndidos *fuets* y *calçots* locales. También hay que abuchear muy fuerte el himno del contrario en los compromisos deportivos internacionales, ya se trate de La Marsellesa o del de Namibia, al tiempo que se canta —se tararea, en el caso español— el propio. Por lo demás, no hay obligaciones específicas ni incómodas exigibles para conseguir el estatus de patriota, de buen patriota excepto el hecho de afirmarse como tal. No hay ninguna necesidad de ser escrupuloso en el pago de impuestos —ya se sabe que el pueblo es impune y bueno en esencia, son los políticos los que corrompen la sociedad—, no hay que hacer grandes esfuerzos para mejorar las condiciones de los compatriotas (muchos son responsables de su propia penuria) y tampoco hay porqué hacer grandes proezas por la patria. Cada cual, que lo haga con arreglo a su valía y habilidades; al fin y al cabo, tampoco está en nuestros modestos medios el hacerlo. Con proclamarlo alto y claro tienes garantizada la pertenencia al club, siempre y cuando tengas un color de piel que no desentone demasiado o te dé por adorar a dioses que no vienen a cuento. Y si falla el color, e incluso la deidad, todo es negociable en la medida en la que alabes los símbolos patrios con intensidad suficiente. Hay que despotricar, eso sí, de los que no pregonan bien alto su patriotismo (el tuyo), aunque como Piqué hayan contribuido a ganar algún que otro campeonato de Europa y del mundo para los colores patrios.

Fernando Trueba decidió, en un momento determinado de su vida, proclamar su no españolismo, declarando que no se había sentido español ni cinco minutos, que lo que le hacía sentir algo era la raza humana y confesando, medio en broma medio en serio, que la Guerra de la Independencia la debía haber ganado Francia (lo que quizá no habría sido del todo malo, a tenor de lo que trajo consigo el Deseado, también conocido como el rey Felón). No sabemos si en otros momentos de su vida, el cineasta se ha declarado español, español republicano, muy español, europeo, castellano catalanista, afrancesado, apátrida, ciudadano carlista de Cantavieja, heterosexual, ciudadano de dónde se encuentra su casa y su familia, ateo, vasco de corazón, madrileño o de Argüelles. Lo único que sabemos de él al respecto es que en un momento dado dijo lo que dijo; lo que levantó un enorme griterío de patriotas agraviados, molestos porque alguien de su tribu se atreviera a manifestar semejante blasfemia y lamentándose de que tan execrable patriota (al fin y al cabo, lo único que había hecho por la patria había sido ganar un óscar a la mejor película de habla no inglesa, cosa que es evidente que está al alcance de cualquiera) pudiera haberse alguna vez beneficiado de algún tipo de ayuda estatal. Los mismos que no ven mal que el patriota Tejero —que en nombre de la patria secuestró a gobierno y parlamento— cobre su pensión del fondo común. Pero claro, una cosa es usar una hipotética ayuda de dinero público para producir una película susceptible de ser premiada con un Oscar —lo que es inaceptable— y otra cobrar un retiro con dinero público tras secuestrar gobierno y parlamento, con el buen propósito de salvar a la patria. Ya ven: hemos visto a Trump proclamar en su investidura: «Compra productos americanos, contrata americanos» (obviando que sus abuelos eran europeos). Lo que nuestros patriotas nos proponen es: boicoteemos las películas de Trueba; a pesar de haber representado su (nuestro) país de forma brillante en los foros internacionales más importantes, dice no sentirse español.

Otros en cambio que se sienten españoles hasta la médula, dejan de expresar su inmenso amor cuando se trata de relacionarse con la Hacienda Pública. Tal es el caso del patriota Aznar, a quien el Ministro de Hacienda, señor Montoro, hubo de llamar a su despacho para arreglar unos asuntillos, en esencia muy parecidos a los que también debió corregir el patriota Monedero. El dinero ingresado por el expresidente en concepto de conferencias, derechos de autor, etc. en los años 2011 y 2012 (si mi información es correcta) se contabilizaron como Impuesto de Sociedades, que tributa a un 25%, en vez de hacerlo como Impuesto de la Renta sobre las Personas Físicas (IRPF), que lo haría en una cantidad próxima al 50% en las cifras de ingresos que se trataba.

Aznar, en su momento, se quejó amargamente por aparecer ante la opinión pública como un defraudador cuando, según él, se trata sólo de una «discrepancia contributiva», ya que el expediente se cerró «en conformidad», aduciendo que se trata de una maniobra de difamación gratuita contra su persona. ¿Habían oído antes esa argumentación como línea de defensa antes?

Hacienda no lo ve así: lo consideró infracción tributaria grave. Normalmente esta infracción se sanciona con una cantidad de entre el 50 y el 100% de la cuota defraudada. Al cerrarse el expediente «en conformidad», la sanción se queda en el 26%, que es «el mínimo». Sin ser nada bueno en números y aún a riesgo de haberme perdido algo de un tema que conozco solo por la prensa, si el asunto se solucionó con una multa de 70.000 euros y una declaración complementaria de 199.052€ y esta cifra supone el 26% de la cantidad defraudada, esta debía de ascender a 765.586€ con algunos céntimos, el 50% de unos ingresos de 1.531.170€. ¿De verdad eran esos los ingresos de la sociedad con el arrebatador nombre de Famaztella (Sociedad Aznar Botella)?. A esa cantidad habría que añadir (intuyo) los sueldos percibidos de ella como alcaldesa y él como lo que quiera que fuera en FAES, ingresos que, lógicamente, cotizarían directamente de la nómina, fuera de la sociedad.

El patriota Imanol Arias, por su parte, había escamoteado a la Hacienda Pública la cantidad de 2.1 millones de euros, lo que me hace preguntarme, en primer lugar, cuánto había declarado y en segundo lugar cuánto puede llegar a ganar un actor cuando la parte defraudada (o dejada de pagar por «discrepancia contributiva») asciende a más de dos millones… ¿No estará sobrevalorado el hecho de poner la cara ante una cámara por convincente e inspiradora que esta sea?

Y ya que estamos en el juego de los patriotas amantes de la bandera, el himno y España en el corazón no se puede dejar de citar a dos ciudadanos no ejemplares: ambos han querido limpiar España de canalla, como Alonso Quijano, y ambos han dado con sus huesos en la trena, como el de La Mancha y el de Alcalá. El primero, Luis Pineda, presidente de Ausbanc fue, en los años ochenta, dirigente de la banda ultraderechista Frente de la Juventud, después fundó Ausbanc para defender a los españoles de los codiciosos, los gigantes, los canallas y la injusticia; en una palabra: de los bancos y las compañías telefónicas. Y obtuvo grandes resultados: que los cajeros informen de la comisión a aplicar, que las compañías telefónicas no redondeen al minuto, que haya un registro de seguros de vida para que los familiares de un difunto puedan saber si hay uno contratado, la anulación de las clausulas suelo… y exhausto de hacer tanto por España, decidió hacer algo también para sí mismo, como pedir comisiones a los bancos por hablar bien de ellos en sus publicaciones o sacar pasta por retirar denuncias en los juzgados. Patriota sí, pero no tonto.

El otro guerrero de la Patria es el abogado Miguel Bernad, secretario general del ¡sindicato! Manos Limpias. Discípulo de Blas Piñar, al letrado defensor de los intereses del pueblo se le abrió una investigación por haberse, presuntamente, apropiado, junto a la abogada del mismo sindicato Virginia López Negrete, de fondos recolectados entre los afectados por la estafa de Fórum y Afinsa. Con una manera de actuar parecida a la de su correligionario, ofrecía retirar acusaciones a cambio de pasta. Otro patriota espabilado.

Ambos acabaron en prisión, lo que provocó algún que otro mal de cabeza a las autoridades de prisiones, puesto que, en principio, fueron encerrados en Soto del Real, prisión que parece el *Hall of Fame* de la hoguera de las vanidades nacionales y de donde hubieron de ser trasladados a otras prisiones ya que allí se encontraban otros ilustres patriotas como Mario Conde o Díaz Ferrán: el primero castigado por el Sistema y el segundo por, entre otras cosas, comprarse dos apartamentos junto a Central Park, en Manhattan, mientras saqueaba Marsans; los dos habiendo sido acusados por Ausbanc y/o Manos Limpias. Un lío que provocó palabras encendidas en el patio y que podía haber acabado en algo así como el Rosario de la Aurora.

Bárcenas, Blesa por momentos, Fabra, Francisco Correa, Ignacio González, son —o han sido— otros ilustres patriotas moradores de tan prestigiosa posada creando un entramado complejo entre acusados y acusadores que hace difícil el acoplamiento. A Francisco Granados se le reservó plaza, por méritos propios, en el establecimiento de Estremera, ya que la había inaugurado él mismo…

¡Qué gran sitio para Don Quijote, Soto del Real! ¡Si hubiese caído por allí, con la de malandrines patriotas!

El pueblo americano, por su parte, ha decidido de manera democrática, y sin ser forzados a nada, a acentuar su patriotismo de hojalata eligiendo para la presidencia al monstruo de la zafiedad, la chabacanería y el mal gusto. Algo que llama la atención al que lo ve desde fuera es la resistencia feroz que la derecha sociológica, representada por el Partido Republicano, manifiesta en contra de una reforma sanitaria que incluya a todos. ¿Qué clase de patria defiende aquel que decide dejar sin cobertura sanitaria a millones de compatriotas? Parece ser que una de las primeras medidas del nuevo Presidente, junto con la iniciación del famoso muro mexicano, el endurecimiento de las leyes inmigratorias y la implementación de tasas aduaneras sobre productos extranjeros, es la derogación del tímido intento de su predecesor, el *Obamacare*, de dar asistencia sanitaria a una parte de la población que no pertenece precisamente a la élite. Entiendo (aunque no comparto) su obstinación al fácil acceso a las armas que defienden y que habría de "facilitar" la defensa de familia y propiedad. El hecho de que también facilite la agresión al delincuente es harina de otro costal que parece no importarles tanto. ¡Allá ellos! Entiendo (aunque no comparta) la religiosidad tozuda asociada con el culto a las armas. No somos los españoles, precisamente, quienes nos asombremos de ver la Cruz y la Espada juntas. Entiendo (también sin compartirlo) la creencia en la hegemonía de la raza blanca —o caucásica, como allí gustan llamarla—; al fin y al cabo, soy europeo. Pero no me cuadra el hecho de que sea ese segmento de la población, que presume y hace ostentación de «patriotismo», el que se niegue ferozmente a incluir a la totalidad de los suyos en el paraguas sanitario, contraviniendo todas y cada una de *las normas de la Casa de la*

Cruz (y hasta de la sidra) que me enseñaron en el Catecismo. ¿Cómo argumentan estos tipos la negación de auxilio sanitario a millones de ciudadanos mientras cantan salmos bíblicos a ritmo de Gospel los domingos, mientras otros, Demócratas liberales, muchos de ellos agnósticos o directamente ateos, claman una y otra vez por la inclusión del hermano pobre y desamparado en el sistema? He aquí otro enigma patriótico.

Hace no mucho que leí la historia de Francisco Luzón, miembro de la élite bancaria española, jubilado hace unos años con una gratificación de 32 millones de euros limpios, al que se le diagnosticó la temida ELA, demostrando, de manera tozuda, que la enfermedad y la muerte no saben de escalas sociales ni económicas. En la actualidad, la enfermedad, implacable, ya le ha privado del habla. Cuenta el hombre que nadie está preparado para un diagnóstico como ese y que al principio de conocerlo, se hizo tratar por la medicina privada aquí y en EEUU para acabar siendo atendido por el Hospital Público Carlos III de Madrid, del que opina que, con la ayuda necesaria, podría ser un centro puntero a nivel mundial. No sé si eso cuadra o no con las enseñanzas de Jesucristo o de la Patria, pero el hecho de que de que en este país cualquier persona, sea el que sea su estatus económico, tenga acceso a la misma atención que el poderoso y rico banquero, es lo correcto y me hace sentir que esa, y no otra, es mi patria, se llame como se llame. Tenga o no bandera e himno. Diga lo que digan la Iglesia del Último Tupé y los caballeros de la mano en el pecho y ojos vidriosos con mirada perdida en las alturas.

En uno de sus artículos, hace ya mucho tiempo, Vargas Llosa definía el nacionalismo como «…la cultura de los incultos, una entelequia ideológica construida de manera tan obtusa y primaria como el racismo, que hace de la pertenencia a una abstracción colectivista —la nación— el valor supremo y la credencial privilegiada de un individuo». No podría estar uno más de acuerdo. Hay, sin embargo, una tendencia simplificadora y maniquea de meter todo lo malo, abyecto y negativo en un saco y llamarle nacionalismo y guardar todo lo bueno, desinteresado, heroico y positivo en otro saco al que llamar patriotismo. Algunos no lo tenemos nada claro. Para mí que se trata de juegos malabares con las palabras y que estamos hablando del mismo saco.

O no. Quizá es buena idea tener dos sacos, o mejor, bancos, como hicieron con los activos financieros: uno malo para las palabras malas y otro bueno para las buenas; aunque signifiquen lo mismo. Por ejemplo, lo dijo Juncker no hace mucho: «Europa debe defender sus intereses industriales, necesitamos instrumentos de defensa». Y continúa: «Es importante distinguir entre *protección* y *proteccionismo,* pero hay que buscar formas de proteger nuestros intereses». Tanto para romanos como para muchos cartagineses, las dos cosas significan lo mismo: que hay que imponer aranceles a ciertos productos que vienen de otros lugares o limitar la importación para poder mantener los empleos de aquí. Ahora bien: el luxemburgués es un liberal y como tal tiene terminantemente prohibido usar la palabra *proteccionismo,* que es anatema en la biblia de los liberales. Se debe, por tanto, *proteger* la industria europea sin ser jamás *proteccionista.* Agustina de Aragón, Daoiz y Velarde, Juana de Arco... no eran, en absoluto nacionalistas, ¡qué va! Eran patriotas; como el alcalde de Móstoles, el Palleter o el *Timbaler del Bruc.* De modo que si nos referimos a asuntos de exclusión del prójimo, demarcación de diferencias con el forastero, construcción de muros ideológicos, lingüísticos y de hormigón, recelos del vecino, xenofobia y/o paternalismo lo llamamos *nacionalista* y lo enviamos al banco malo. Si aludimos al hecho de sacrificio desinteresado y valiente por el bien común, amor por los propios más allá del entorno familiar y de clan, le damos el apelativo de *patriota* y asunto concluido. Trump, en su reconocida vulgaridad, no deja de ser un gran patriota para la mitad del pueblo americano y un intolerante nacionalista para la otra mitad. El hecho de que tipos como Puigdemont, Junqueras o el mismo Pujol sean *patriotas* o *nacionalistas* según de qué lado del Ebro se les juzgue no deja de ser una menudencia que no va a estropear nuestro argumento. Además, eso ya se vivió en los tiempos de los Comuneros en Castilla y las Germanías en Aragón.

Hay estadistas que ejercen con solvencia su papel de liderazgo pero cuando no nos conviene lo que dicen, al *liderazgo* le llamamos *populismo*. ¿Churchill?, ¿De Gaulle? Líderes. ¿Castro, Maduro? Populistas. El hecho de que todos ellos digan al pueblo lo que este quiere oír (De Gaulle convenció a los franceses de que todos habían sido de la Resistencia, que ya es convencer) parece que no es suficiente para hacerlos líderes. Si no nos conviene, al *liderazgo* le llamamos *populismo* y tiramos la palabra al banco de los activos tóxicos. Muchos políticos de mi país llamaban *dignidad* a lo que otros calificábamos de *despilfarro* y abogábamos por tener unos gobernantes que aplicaran *modestia* en la gestión. Cierta alcaldesa valenciana nos previno, en cambio, contra la *cutrería* que habría de venir, que se conformaba con alojarse en hoteles de menos de cinco estrellas, lo que para ella un menosprecio al pueblo que ella representaba. De modo que rescatamos *dignidad* y *modestia* para el diccionario bueno y mandamos al infierno del librucho, *despilfarro* y *cutrería*.

El tardofranquismo en el que creció mi generación era una sociedad *paternalista* a la que muchos gustaban de llamarle *paternal* y protectora (que no *proteccionista*) en la que la raya entre la *libertad* y el *libertinaje* estaba siempre en boca de

117

curas, maestros, medios de comunicación y público en general. Era *libertinaje* no ir a misa los domingos, esconderse para no besar la mano del cura, ver imágenes de chicas en bikini o sin él, pedir mejora salarial, cuestionarse la autoridad del Gobernador Civil y, por supuesto, pedir elecciones y referendos. Y de eso, hemos tenido mucho últimamente: de elecciones y referendos. Y hasta de libertinaje, si me apuran.

CAPÍTULO III. NÚMEROS, CIFRAS Y CANTIDADES

Dos y dos son cuatro, // cuatro y dos son seis,

seis y dos son ocho // y ocho dieciséis.

Esta mañanita, // me dijo el doctor,

que le de jarabe // con un tenedor

Tengo una muñeca vestida de azul. Canción popular

—Papá, papá, ¿falta mucho? —Preguntó el niño a los cinco minutos de salir.

—Bastante, hijo, bastante. Acabamos de salir.

—No. Pregunto si falta "mucho".

—Hijo, quedan aún unas dos horas.

—No te hagas el listo, papá. Sólo quiero saber si falta "mucho".

¿Qué significado tiene para un niño de cinco años la idea de un trayecto de «doscientos kilómetros» o de «dos horas» como respuesta a la inevitable pregunta de cuánto falta? Los números, las cantidades, que tratan de ser la objetivación del mundo natural, en ocasiones no sirven ni para eso; es más, una respuesta ambigua puede ser, paradójicamente, más exacta y efectiva que la exactitud numérica, que se torna inútil e inefectiva. En cualquier caso, te invito a ti, lector a que des cuenta de una respuesta efectiva a la pregunta de ¿cuánto falta?, hecha por un niño de cinco años. Yo no la conozco. Por el contrario, los números, para las mentes suficientemente abstractas de los adultos, vienen a dar la dimensión de las cosas, dando, a menudo de manera falsaria la inapelable pátina de exactitud y verdad. De ahí la importancia que se le da en determinados contextos, como el de la cuantificación de los integrantes de una manifestación de protesta, por ejemplo. Allá donde la policía cuenta veinte mil, los organizadores ven ciento cincuenta mil, a no ser que la manifestación sea de naturaleza nacionalista y la policía sea la autonómica, en cuyo caso las cifras suelen coincidir, o incluso ser infladas por la misma autoridad policial, de la misma manera que la policía nacional ha hecho con respecto a las demostraciones de índole patriótico. Los números, que parecen tan definitivos en su inapelable y tozuda rotundidad, son, sobre todo ellos, susceptibles de torticeras manipulaciones. Hace ya unos años se produjeron en la mayoría de las ciudades occidentales gigantescas manifestaciones en contra de la torpe e ilegal invasión de Irak ordenada y llevada a cabo por George Bush y Toni Blair. En España se produjeron manifestaciones de cientos de miles de personas en las principales ciudades. ¿Y cuál fue la interpretación del entonces Presidente José María Aznar, colaborador (ni necesario ni suficiente) en el desmán? Que si había salido dos millones de personas a manifestarse, había habido muchos otros millones de personas que no lo habían hecho, con lo que el apoyo a la guerra era claro. Hay razones para todo. Si para la mayoría, el hecho de que millones de personas de un país se lancen a la calle a protestar en mitad de una fría llovizna invernal es señal de clamor popular, siempre habrá un político, policía o burócrata que contabilice para su causa a los millones que se quedaron en casa, y de paso hacer suyos a los bebés, moribundos, monjitas de clausura, afectados de gripe y pacientes en diálisis, viajeros, revisores de tren y personal de líneas aéreas, minusválidos físicos y mentales en sus distintas categorías y grados, personal sanitario de servicio, trabajadores por cuenta ajena en horario laboral y de guardia, policías, dependientes de comercio, pusilánimes y tibios de corazón. Ni la frialdad, precisión y concreción de los números nos salvan del absurdo. Más bien, a veces, parecen potenciarlo.

PECIOS Y PRECIOS

Todo necio

confunde valor y precio

A. Machado. Proverbios y Cantares LXVIII

Dos amigas inglesas, Zara, de Birmingham y Lucy, de Newcastle, ciudades que distan 320 kilómetros entre sí, decidieron quedar a verse un fin de semana, con lo que una debía comprar un billete de tren para acudir a la ciudad donde vivía su amiga. Comoquiera que no lo habían previsto con la suficiente antelación, se encontraron con que el billete costaba 105 libras (119 €) y decidieron modificar el plan. Ryanair les ofrecía un billete de ida y vuelta a Málaga, a la de Birmingham por 20 libras (23€) y a la de Newcastle por 55 libras (62€), de modo que, sumados los precios de los dos billetes, 85€, todavía ahorraban 34€ sobre el precio que cargaba British Rail por un billete de tren de ida y vuelta entre las dos ciudades inglesas. Las jóvenes —que, por lo que se desprende de la noticia, no nadaban en el dólar— completaron su estancia en Málaga y Granada alojándose en *Hostels* de 12 y 14 euros por persona y noche, de modo que con el ahorro del billete se pagaron prácticamente el alojamiento.

Y díganme: ¿Tiene sentido que dos billetes de avión de Inglaterra a Málaga (ida y vuelta) cuesten menos que un billete de tren de Birmingham a Newcastle, ciudades separadas por poco más de 300 kilómetros? El día que Ryanair vuele a San Francisco, será más barato quedar allí con un amigo de Madrid a cenar en un tailandés y tomarse unas birras al abrigo del Golden Gate que quedar en Cuenca con el AVE. Lo sorprendente de los números es que desnudan la hipocresía, la mentira y la farsa. ¿Qué hacían las compañías aéreas antes de que se inventara Ryanair y otras *low cost* como la americana *Southwest*? ¿Cómo es posible que, además, estas compañías sean altamente rentables mientras otras que cargan cantidades ridículas por el precio de sus billetes presenten pérdidas año tras año además de arrastrar a sus clientes por los pasillos con el ejercicio del *overbooking*? ¿Tan incompetentes y adictos a la inoperancia y al despilfarro son sus directivos ejecutivos? Misterios del capitalismo.

Hace meses que saqué un billete en tren desde la luminosa ciudad mediterránea en donde vivo hasta un pueblo del Macizo Central francés por el que pagué un precio de 130€ (sólo ida) que incluía un par de trasbordos. Unas semanas después adquirí un billete de avión a Milán que pagué 42€, ida y vuelta. Ganará el tren en comodidad —dirán ustedes—. Pues bien, cierto que el espacio del asiento es mayor y te permite meter cómodamente las piernas, pero también es cierto que el viaje en tren duraba 13 horas (con sus enlaces) para recorrer 880 kilómetros y el avión me llevó los 1.350 km del trayecto a Milán en un par de horitas, con lo que la incomodidad de la estrechez del espacio se hace llevadera. Es, por tanto, mucho más rápido y muchísimo más barato. Hasta el absurdo.

Hace algún tiempo que un tal Sam Cookney, británico también, éste de Londres, se fue a vivir a Barcelona. Al joven, que trabajaba desde casa y tenía que personarse en la oficina, en el centro de Londres, una vez a la semana le salía más a cuenta vivir aquí y desplazarse de cuando en cuando a su oficina junto al Támesis que pagar un alquiler en, digamos, Islington. Y según él era más divertido. Las chicas también piensan lo mismo. Si el Poble Nou le resulta al inglés más atractivo que Islington, ¿cómo van a aguantar Birmingham y Newcastle la comparación con Málaga y Granada? ¿O el *fish & chips* con el *pescaíto* frito? No hay color.

En la moderna y civilizada ciudad de La Haya se construyó en 2012 un puente sobre una autopista que comunica un parque urbano con un bosque. La función (exclusiva) del puente es permitir el paso de las ardillas de un lado a otro de manera segura evitando el peligro de ser atropelladas por un coche. El coste fue de 144.000 €. Hasta aquí, nada que objetar. ¿Saben cuántas ardillas lo han usado? Cinco. Se instaló una cámara para registrar el paso de los roedores y han contabilizado cinco viajeras en cuatro años. De momento —a la espera de lo que pueda traer el devenir— el costo (de dinero público) asciende a 28.800 euros por ardilla, pero claro, es que el puente sólo lleva 4 años abierto (son datos de 2016). Al ritmo de paso actual, si cada ardilla pagara un billete de, digamos, 6 euros —que es lo que viene a costar el viaje de autobús de una ciudad europea a su aeropuerto— haría falta que cruzaran el puente 24.000 ardillas para amortizar la obra (la construcción, no el mantenimiento), que al ritmo de paso actual tardaría en producirse… 19.200 años. Y eso, al precio del AirLink, que al del abono de autobús… No sé. Hagan la cuenta. Saldría rentable pagar un taxi a cada ardilla.

Seguí con interés la finalización del Oculus de Calatrava en Nueva York en el entorno del World Trade Center. La obra, espectacular, que asemeja una paloma desplegando el vuelo, servirá de intercambiador ferroviario en lo que, junto a la Pennsylvania Station y la Grand Central, constituyen los tres grandes nudos ferroviarios de Manhattan. Lo de la Penn fue un lamentable episodio. Era la estación más grande e imponente del mundo y el edificio, magnífico, con un vestíbulo inspirado en las Termas de Caracalla y dimensiones que se aproximaban a la nave de San Pedro del Vaticano fue demolido en 1963 y enterrados los andenes en el subsuelo para dar cabida en la superficie al muy vulgar pero rentable Madison Square Garden. Lamentable. Ni en las más delirantes ansias de modernidad del paletofranquismo en mi país se habría llevado a cabo semejante tropelía. El coste de la obra de Calatrava ha sido de 3.900 millones, más que lo que ha costado el rascacielos vecino One World Trade Center y el doble de lo presupuestado —nada excepcional tratándose del arquitecto valenciano— y que, por ponerlo en perspectiva, supone una cantidad igual a las "pérdidas" en el año 2015 de un tipo de Seattle, que va a trabajar todos los días, que se llama Bill Gates y que por esto o lo otro vio disminuido su capital en una cantidad similar en el periodo de dicho año, lo que no impidió que siguiera siendo el hombre más rico del mundo. De hecho, con un colchón estimado de 80.000 millones de dólares de fortuna personal, continúa en la cima de la riqueza global, seguido de Amancio Ortega, nuestro héroe local. ¡Hay que ver, lo que dan de sí las cifras, cuando las comparas! El tan cacareado y vergonzoso rescate bancario español que ascendió a la astronómica cantidad de 60.000 millones de euros podría haber sido pagado por el magnate gallego con su fortuna y aún le habrían sobrado 7.000 millones para ir tirando, que es solo una cantidad un poco menor que a la que asciende la fortuna de Juan Roig, el segundo más rico; y mucho, muchísimo más de lo que muchos de nosotros somos capaces siquiera de imaginar.

"Esta semana se evaporaron más de tres billones de euros" afirma una reputada periodista en su reportaje del suplemento de negocios dominical de un famoso diario en un domingo cualquiera del año. La autora se refiere al *tsunami* ocasionado por la caída de la bolsa de Shanghái o de cualquier otro centro financiero que arrastra a los demás mercados, haciendo alusión a la célebre mariposa de la teoría del caos; esa que mueve las alas en Japón y causa el granizo que acaba con las expectativas de una buena cosecha de vino en Requena. Nunca lo entendí del todo. Las mariposas siempre están revoloteando, por Japón, por Alaska (en primavera) y por Alcázar de San Juan, y sin embargo, en Requena, a veces hace buen tiempo y otras graniza. Cosas del caos. "El hombre más rico de China (de nuevo según la periodista), Wang Jianlin, perdió de un plumazo 3.100 millones de euros". El artículo no aclara la paradoja de que esto ocurra en un país regido por un partido autodenominado comunista pero sí detalla que, en los dos últimos meses, los valores de la bolsa de Shanghái habían perdido más de dos billones, y que los pequeños inversores chinos, dada su escasa cultura económica e inversionista (no sé por qué pero eso me recuerda a algo o a alguien), están perdiendo sus ahorros (¿o eran sus expectativas de ganancia?) a marchas forzadas.

¿Qué pasa con el dinero que aparece, se acrecienta hasta límites indecorosos y de cuando en cuando desaparece, como por arte de magia? En una de las últimas crisis monetarias, un conocido se quejaba de que el dinero había desaparecido: «si la semana pasada estaba ¿cómo me dicen hoy que no está?», se preguntaba amargamente. «Está, claro que está, pero en otro bolsillo». Mi amigo trasladaba su particular filosofía a una visión algo simplista de la economía. Y creo que no es así. O no siempre. Normalmente, el dinero cambia de bolsillo, y por lo general en la misma dirección: del bolsillo del pequeño a la cuenta corriente del grande, aunque, en ocasiones, pierden todos. Pierde el pequeño ahorrador, pierden los grandes maestros del birlibirloque (o ganan menos, que es otra forma de perder) y pierden las catedrales del ilusionismo monetario (los bancos). Es como si el dinero, que corría abundante por todas partes, desapareciera de un día para otro. En realidad no desaparece sino que nunca estuvo. Bueno, sí que estuvo, pero en su esencia, en el material del que está hecho: de humo. Y es que, desde 1973, en que se abandonó cualquier convertibilidad del dinero en oro, en dólares oro... es una entelequia. Siempre lo fue, en realidad, pues aunque se pudiera convertir en oro, éste siempre tendría un valor convencional; ¿por qué en oro y no en yeso o bicarbonato? La pasta tiene el valor de trueque que le confiere la creencia *subjetiva* de que será aceptada por los demás habitantes de un país, o zona económica. En teoría, el dinero en circulación representa el valor de todos los bienes y servicios de un país o comunidad económica. La función del Estado debería ser la de adecuar el valor del dinero a la producción de bienes y servicios e intentar poner orden en este ejército de trileros con corbata, vendedores de productos incomprensibles y anacrónicos jubilados de terno, Rolex y Varon Dandy, que aún parece que pululan por un parqué en el que deciden pasar la mañana atentos a los paneles que dan cuenta del tráfico intangible de las transacciones electrónicas.

¿CUÁNTO DIJISTE QUE VALÍA?

> *¡Pamplinas! ¡Figurasiones*
>
> *que se inventan los chavales!*
>
> *Después la vida se impone:*
>
> *"tanto tienes, tanto vales".*
>
> RAFAEL DE LEÓN *Profecía*

No seré yo quien diga que los españoles seamos (o hayamos sido en los últimos años) cuidadosos en el gasto público. En Zaragoza encontrarán la Torre del Agua, el edificio más alto de Aragón, en el que no hay ni viviendas ni oficinas ni apartamentos ni nada. En Valladolid, la estación seca de esquí en la que no hay nieve ni se esquía, en Murcia el aeropuerto internacional al que nadie vuela, en Madrid, el esqueleto de la Ciudad de la Justicia, en la que no se celebran juicios ni actos de conciliación, una costosa red de autopistas por la que circulan solo los que se equivocan (sí, ya sé, estas no son públicas, pero ha habido que comprarlas con dinero público, haciendo buena la inefable máxima de «si gano me lo quedo y si pierdo, lo pagamos entre todos») y la Caja Mágica, que costó 294 millones de euros, un 110€ sobre lo presupuestado, y acoge unos partiditos de tenis durante una semana al año y el Congreso del PP, buque insignia de la política nacional. En Castellón, Lérida, Huesca… aeropuertos en los que aterrizan uno o dos aviones los años bisiestos. Y en Vigo, en un alarde imaginativo poco común, podrán visitar el Museo Casa de las Palabras. No me pregunten cual puede ser el contenido, está fuera del alcance de mi imaginación y no quiero romper el hechizo del misterio mirando la *web*.

¿Inoperantes? ¿Derrochadores compulsivos? Sí, claro. Pero veamos que hacen nuestros vecinos; y de entre ellos, los llamados a implantar el listón de la eficacia: los alemanes.

La Filarmónica del Elba, en la pujante ciudad de Hamburgo, finalmente inaugurada tras diversos retrasos, está firmada por el estudio suizo Herzod & de Meuron. Se trata de un magnífico edificio levantado sobre un antiguo almacén de ladrillo al que se ha añadido una elegante estructura de vidrio. Es espectacular. Bellísimo. Y presumen los propietarios, los diseñadores y los ejecutores de tener dentro unas condiciones acústicas inmejorables —literalmente—. No lo dudo. Pero vayamos al coste: De los 77 millones de euros que se comprometieron a pagar los hamburgueses (y las hamburguesas, perdón por la broma) en la fase de proyecto, han tenido que desembolsar la interesante cantidad de 790 millones, conllevando unos sobrecostes de, aproximadamente, un 1.000 por cien, algo inaudito hasta para los reyezuelos valencianos de la década pasada en el fragor del romance con su arquitecto favorito. Un desliz, una anécdota, la excepción a la regla de la eficacia y el rigor germanos, dirán ustedes. No tanto. El nuevo aeropuerto de Berlín, el Willy Brandt debía de haber sustituido las dos o tres obsoletas infraestructuras actuales tras la reunificación, con coste cero para el contribuyente. Reconvertido el histórico Tempelhof en parque urbano, un aeropuerto "para pasear", en sintonía con el propósito de un célebre Presidente de la Diputación de cierta provincia española, se decidió construir un aeropuerto internacional digno de la capital de Alemania, en sustitución de los anacrónicos e ineficientes Tegel y Shönefeld, en los terrenos colindantes a este último. En 2005, el gobierno regional berlinés aceptó un gasto de 2.000 millones y fijó la apertura para 2.011. Aún no se ha inaugurado, pero lo que sí está claro es que costará más de 4.500 millones, para regocijo del resto del mundo que se mofa de la «eficacia» y el rigor germanos. No son los casos del aeropuerto berlinés y de la Filarmónica de Hamburgo los únicos que ponen en entredicho la eficiencia teutona. Siguiendo con la obra pública, los germanos se han enfrentado a propósito de la ampliación de la estación de trenes de Stuttgart, la capital de Baden Württemberg, una de las zonas más prósperas de Alemania. Las protestas vecinales ante la faraónica obra que debía de transformar la estación *cul de sac* en una donde los trenes la atravesaran sin tener que desandar el recorrido, ocuparon los noticiarios no sólo de Alemania, sino del mundo entero, provocando las protestas por los disparatados costes la derrota electoral de la Unión Demócrata Cristiana (CDU) en 2011. El coste del proyecto urbanístico, que incluye la nueva estación y las playas de vías subterráneas de tren pasante, ascienden a más de 9.000 millones de euros cuando había sido presupuestado el plan en su origen en menos de 3.000. En fin, todo un ejemplo de previsión de costes.

La deuda pública de los EEUU es gigantesca y la de muchos otros estados de occidente preocupante, lo que hace pensar en quién es el acreedor en un mundo en el que todos deben; y si en realidad no hay acreedor, ¿para qué pagar? La de mi país supera el billón de euros, situándose próxima al 100%, lo que supone más de 22.000 euros por persona, y la izquierda y parte de la derecha pide… más gasto. Más gasto para España, para Grecia, para Alemania, para el mundo, para lo que sea: más gasto; de modo que si te posicionas en la discusión de parte de la austeridad, el ahorro y el cumplimiento de las obligaciones contraídas te tachan de traidor a los fundamentos del bien común, base de la ideología de izquierda.

Pues no es así. El núcleo de la posición de la izquierda —que siempre se ha sentido, y a menudo con razón, moralmente superior a la derecha— no ha sido el gasto sino la distribución del mismo. No se trata de cuánto se gasta sino de cómo se distribuye. Ese fue el fundamento de las políticas de Clement Atlee, de Willy Brandt, de Olof Palme y otros. El socialismo democrático, tal y como se le conoce tras el abandono de las tesis marxistas ocurrido tras la segunda guerra mundial, aboga por una intervención estatal en los procesos de redistribución más que en los procesos de producción —punto de vista marxista—, utilizando el instrumento de una política fiscal progresiva. Esta estrategia (socialista) es la que edificó el estado de bienestar en Europa al que nosotros, los españoles, nos sumamos con retraso pero con decisión. Que algunos confundan el estado del bienestar (garante de pensiones, servicio de salud y educación de calidad) con pistas de esquí en la meseta y autopista y AVE a su pueblo es algo inquietante, sobre todo cuando cada vez que hay que pagar la paga extraordinaria a los pensionistas hay que echar mano del fondo de reserva y cuando los trabajadores que se incorporan al mundo laboral son cada vez menos y peor pagados.

Personas de izquierdas y de derechas, que en lo personal son escrupulosas y comedidas en el gasto particular y familiar, que jamás han pedido un céntimo que no estuvieran seguros de devolver, tal como habían aprendido de sus padres y abuelos, se muestran indulgentes con la perniciosa gestión de políticos nefastos y apuestan por hipotecar el futuro de otra generación (la de sus nietos, puesto que la de sus hijos ya está hipotecada). ¿A qué viene esa disociación a lo Dr. Jekill y Mr. Hyde de austeridad en lo privado y gasto en lo público?

Algunos, para argumentar su desvarío, alegan el caso de la condonación de deuda a Alemania como argumento, sin tener en consideración que la deuda alemana, en su origen, provenía de unas condiciones draconianas impuestas por los aliados en el armisticio de la Primera Guerra Mundial y que fue la causa principal de la Segunda Guerra, acrecentada esta por los gastos de la reconstrucción del país en los años cincuenta y sesenta. Seamos serios: reconozcamos que la situación es tan distinta que podemos cambiar la vara de medir. No se trata de levantar un país asolado por la guerra sino permitir que éste viva por encima de lo que produce en bienes y servicios.

LAS VARAS DE MEDIR

Tell people there's an invisible man in the sky who created the universe, and the vast majority will believe you. Tell them the paint is wet, and they have to touch it to be sure"

Cuéntale a la gente que hay un hombre invisible en el cielo que creó el universo y la gran mayoría te creerá. Diles que la pintura está húmeda, y la tendrán que tocar para asegurarse.

GEORGE CARLIN

Si eres un profesional y piensas que asistes a demasiadas reuniones, que duran más de lo necesario y la gente habla con el propósito de oírse y de dejarse oír más que con el de tomar decisiones, si tienes la impresión de que los becarios de la empresa en que trabajas (incluyendo la Administración) son más capaces que los líderes de la misma, puede que te interesen algunos de los datos que formulara un inglés del siglo pasado en un particular análisis de los números: el de trabajadores de las organizaciones.

Cyril Northcole Parkinson (1909-1993) fue un escritor e historiador prolífico pero de poca enjundia, autor de unos 60 libros, que apenas sería recordado hoy a no ser por un artículo satírico que escribió para la revista The Economist en 1955 y que después, dado el éxito que consiguió, desarrolló en un pequeño libro con el mismo título que siguió cosechando elogios, proporcionando al autor jugosos dividendos y puestos de profesor visitante en las más famosas universidades americanas. Se trata de la formulación de la famosa Ley de Parkinson referida a las burocracias, criticando la ineficacia de la Administración Colonial inglesa en particular y las grandes organizaciones en general. Entre otras cosas, el autor, antes de formular la Ley, ya había predicho que la Marina Real llegaría a tener más almirantes que barcos, cosa que se cumplió en los años 30. La ley establece que:

1.- «El trabajo se expande hasta llenar el tiempo disponible para su realización». No importa el volumen o la dificultad del mismo. Si hay tiempo disponible, se alargará el trabajo hasta ocuparlo por entero.

2.-«Los gastos aumentan hasta (al menos) igualar todos los ingresos».

3.- «El tiempo dedicado a cualquier tema en la agenda es inversamente proporcional a su importancia» (ley de la trivialidad).

Todo ello ilustrado con curiosos cuando no hilarantes ejemplos y fórmulas matemáticas. Para ilustrar esta última ley explicó como la junta de gobierno de Singapur invirtió 6 horas de reunión para elegir a un trabajador para la compañía de gas y diez minutos para aprobar un presupuesto de 100 millones de dólares.

En la formulación de la popular ley y en su desarrollo posterior se aportan otras curiosas afirmaciones como el hecho de que «en una burocracia, un funcionario quiere multiplicar sus subordinados, no sus rivales» y esta es probablemente la principal causa por la que «el total de empleados en una burocracia aumenta un 5-7% cada año, independientemente de las variaciones de la cantidad de trabajo», que «los funcionarios se creen trabajo unos a otros» o esa otra circunstancia tan conocida por todos que es el hecho de que «en una oficina, cualquiera que sea su tamaño y el volumen de trabajo siempre acabará faltando espacio» y su variante actual que tiene que ver con la capacidad de almacenamiento informático (al parecer, siempre insatisfecho). También estipula que cualquier organismo que alcance los 21 miembros es ineficaz para la toma de decisiones, teniendo que delegar el poder real en entidades menores.

Es meritorio el hecho de que Parkinson formulara su ley mucho antes de que aparecieran casos como el de la extinguida Televisión Valenciana (hoy en proceso de refundación), en la que la friolera de 1.600 trabajadores ocupados todo el día en frenética actividad (o eso parecía), todos los días, conseguían, a duras penas, cubrir el seguimiento de los viajes del entonces

President de la Generalitat Francisco Camps, su actividad institucional, inauguraciones y actos de partido.

Para abundar en el conocimiento de las organizaciones corporativas habrá que considerar el famoso Principio de Peter, formulado por el profesor canadiense Lawrence J. Peter (1919-1990) y que se resume en el enunciado: «en una jerarquía, todo empleado tiende a ascender hasta alcanzar su nivel de incompetencia». Según este principio —que había sido expuesto de manera similar por Ortega años antes—, «con el tiempo todo puesto tiende a ser ocupado por un empleado que es incompetente para desempeñar sus obligaciones» y «el trabajo es realizado por aquellos empleados que no han alcanzado todavía su nivel de incompetencia», el canadiense explica la ineptitud generalizada de los jefes que hacen uso del infame «quiero el informe encima de mi mesa, ya», expresando con ello su despotismo, su burdo sentido del humor y de las normas de cortesía con el inferior en la jerarquía, tratando de enmascarar con ello su propia incompetencia.

Scott Adams, de la Universidad de Berkeley (California), añadió un matiz interesante al Principio de Peter en un artículo publicado en 1966 en el Wall Street Journal. Le llamó el Principio de Dilbert, por ser el creador de la tira cómica del mismo nombre, y viene a decir que «las compañías tienden a ascender a cargos directivos a sus empleados más incompetentes para limitar así la cantidad de daño que son capaces de provocar». Al igual que ocurrió con Parkinson, el artículo tuvo gran repercusión y escribió un librito con el mismo nombre, libro que se estudia en todos los cursos de MBA. A pesar de ser considerado por muchos como una teoría poco fundamentada y algo banal, ha tenido el apoyo de ejecutivos notables. Guy Kawasaki, de Apple, dijo: «Hay dos tipos de compañías, las que reconocen ser exactamente como la de Dilbert y las que también lo son, pero aún no lo saben».

Ni lo saben las compañías ni sus propios dirigentes, ya que posiblemente estos estén confundidos o cegados por el conocido como Efecto Dunning-Kruger, y este sí que tiene crédito en el ámbito académico. Justin Kruger y David Dunning, de la Universidad de Cornell (Nueva York) identificaron de manera clara y demostrable un «sesgo cognitivo por el que los individuos con escasa habilidad o conocimientos, sufren un sentimiento de superioridad ilusorio, considerándose más inteligentes que otras personas más preparadas», es decir, que los individuos incompetentes tienden a sobreestimar su propia habilidad al tiempo que son incapaces de reconocer la habilidad de los otros.

Lo que explica muchas de las cosas que estamos viendo hoy y muchas otras que nos quedan por ver.

Pero volvamos a los números, empecinados en sacar los colores de los ilusos (¿ilusionistas?) planificadores. A veces, las cifras, las caprichosas y tozudas cifras, como en el caso de los precios de los billetes de avión, se empeñan en documentar el absurdo hasta dejarnos perplejos y sin respuesta. Si es usted un aficionado a la cerveza en verano, en invierno y en cualquier época del año, comprará una cantidad considerable del hidratante elemento y quizás por esa razón, de cuando en cuando, se haya inclinado por una *low cost* en su versión normal o Premium —ya saben, una de esas marcas blancas de supermercado—. Pues bien, he descubierto que la que tienen en el establecimiento de mi barrio en donde suelo hacer la compra está fabricada en Francia, cerca de la frontera con Bélgica; y esto es algo que no parece tener mucho sentido. No se trata de un terminal de teléfono, ni siquiera de una camiseta. Se trata de cerveza, y la cerveza pesa. Pesa y abulta mucho. Si bebes tres latas al día, estas ocupan más de un litro de capacidad (hay que pensar que la lata es redonda) y pesarán un kilo y pico (contando el envase). ¿Alguien puede explicar que pueda resultar más rentable transportar 2.000 kilómetros toneladas de cerveza barata que fabricarla, digamos, en Loriguilla? Los números no me cuadran. Y me sonroja pensar que uno de esos *trailers* viene de Francia ex profeso para mí; medio camión al año al menos, para calmar mi sed y la de mi familia con el delicioso brebaje de cebada, agua y lúpulo. Alguno puede pensar que esto es una perogrullada por cuanto que se puede argumentar lo mismo a propósito de un abrigo, un par de zapatos o un coche que vengan de Alemania o China. Bien, esto no es así, o no del todo; un abrigo o un par de zapatos pueden durar varios años y un coche también. La cerveza, una vez fabricada, se transporta y consume todo el peso —y el volumen—, transformándose rápidamente en orina. El envase se tira. Y se recicla. O se lo llevan a reciclar a cualquier otro remoto rincón del mundo acrecentando, de ese modo, el absurdo de los números.

Hace un tiempo, en el bar de un hotel de San Francisco, la mujer sentada en la mesa contigua a la mía pidió, circunspecta y elegante ella, a mitad de tarde, su "Perrier Citron", que como todo el mundo sabe no es sino un botellín de agua con gas con una raja de limón. En las estanterías del bar, expuesta a la vista de los clientes también tenían agua de la marca Evian. Seamos serios: tanto la Perrier (con gas) como la Evian (sin gas) son aguas francesas. ¿Somos conscientes de lo absurdo que es llevar botellines de agua desde el Languedoc o los Alpes a California en términos energéticos, por ejemplo? ¿La cantidad de combustible aéreo y terrestre para el transporte y distribución de toneladas y toneladas de… agua; no a Mali, a Níger o a cualquier otro sediento rincón del Sahara, sino a un lugar próximo a una de las fuentes de agua dulce más importantes del mundo como son las Montañas Rocosas?

Al fin y al cabo, el precio del ticket del bar del hotel creo que justificó el dislate. El esnobismo se paga. Y los americanos lo saben. Por esa razón, para vengarse de los absurdos precios que la señora de San Francisco pagó por su Perrier, los de Cupertino se inventaron Apple y les pusieron una tienda a los franceses junto a la Opera y otra junto al Louvre. Y a los madrileños y a los de Hong Kong y a los… bueno, a todos.

En los intentos de buscar patrones de cifras que se repiten en las manifestaciones humanas tales como el lenguaje, destaca la figura de George Kinsley Zipf (1902-1950), lingüista norteamericano, que aunque murió sin cumplir los cincuenta, le dio para ser Jefe del Departamento de Alemán de la Universidad de Harvard y estudioso del chino y de las propiedades estadísticas de las lenguas. En 1941 publicó un libro que se hizo bastante popular en el mundo académico de la época, traducido al español y titulado *El comportamiento humano y la ley del mínimo esfuerzo,* pero es más conocido por la formulación de la conocida como Ley Zipf, que tiene que ver con el rango y la frecuencia de uso de las palabras.

Zipf observó (o más bien formuló, puesto que otros autores como el francés Jean Baptiste Estoup y el alemán Felix

Auerbach habían observado antes) que, en textos suficientemente largos, la palabra más común *(the,* en inglés) aparecía el doble de veces que la siguiente *of,* el triple que la tercera *and,* el cuádruple que la cuarta, el quíntuple que la quinta y así sucesivamente, de modo que, en un texto convencional que constase de un millón de palabras, *the* aparecería en 69.971 ocasiones, o lo que es igual: un 7%; la palabra *of,* 36.411 veces o un 3.5%; *and,* 28.852 veces… y así, sucesivamente. Si a la palabra más común le asignamos el rango uno, a la segunda el rango dos y a las demás el correspondiente, «la frecuencia de una palabra dada es inversamente proporcional a su rango en la tabla de frecuencias». A esta cualidad empírica se la conoce como Ley de Zipf.

El lingüista observó que la ley la cumplía no sólo el inglés sino el español, el ruso, el latín, el alemán y todas las lenguas conocidas incluido el esperanto. Por alguna razón, la jerarquía de uso de las palabras seguían la curiosa regla matemática, y en todas las lenguas las palabras más usadas eran las más cortas y simples. También se observó que con un número de ciento treinta palabras se cubre un espectro del 50% del Brown Corpus del *American English,* lo cual quizá explica que con *America first* y cuatro naderías más seamos capaces de reproducir los mensajes presidenciales actuales, que el 50% de los mensajes políticos del partido del gobierno nacional español sea «somos respetuosos con las decisiones de la justicia» y «hay que ir partido a partido a partido» y «el fútbol es así» las reflexiones y explicaciones de entrenadores y jugadores.

Esas fueron las observaciones y conclusiones del profesor y lingüista norteamericano. Lo verdaderamente curioso es que la ley y su proporcionalidad se cumple en muchos otros campos sin relación con la lengua, como son: el tamaño de las empresas en un país, la audiencia televisiva de los distintos canales, las jugadas más frecuentes en el ajedrez, la renta de los habitantes de un país determinado y el número de habitantes de las mayores ciudades por países. Y estos son solo unos pocos ejemplos.

Pongamos el caso de la renta por habitante. En mi país, tendríamos en lo alto de la pirámide un nombre bien conocido por todos que sería el doble de rico que el segundo, el triple que el tercero, el cuádruple que la cuarta, que, al parecer, es alguien de su familia y así sucesivamente. El desarrollo de la curva se ajustaría al principio 80/20 de Pareto, ley empírica formulada por el italo-francés Vilfredo Pareto (1848-1923) y que venía a constatar el hecho de que el 20% de la población en la Italia de la época poseía el 80% de la tierra, patrón que se reproducía (y se continúa reproduciendo) en muchos otros países y con recursos distintos al agrícola.

Pero volvamos a la ley de Zipf y el tamaño de las ciudades. Si hacemos un recorrido por algunos países en Internet tratando de comprobar la observancia de la Ley, obtenemos los siguientes datos: en EEUU, la ciudad de Nueva York (la mayor del país) cuenta con algo más de ocho millones de habitantes que son (más o menos) el doble de la población de Los Ángeles (3.800.000 h), el triple que Chicago (2.853.000 y el cuádruple que Houston (2.100.000). En Alemania, Berlín con 3 millones y medio de habitantes viene a ser el doble que Hamburgo, con 1. 800.000, el triple que Munich con 1. 350.000… Y en España también se cumple (más o menos) la curiosa ley: Madrid con 3.145.000 habitantes es casi exactamente el doble que Barcelona (1,640.000), más del triple que Valencia (800.000), el cuádruple que Sevilla (690.000)… repitiendo el patrón formulado por el americano de apellido difícil y ya predicha por el alemán Auerbach y otros.

Como curiosidad, al manuscrito Voynich se le aplicó la Ley de Zipf para ver si se atenía al patrón que cumplía el resto de las lenguas conocidas y, para sorpresa de los investigadores, se comprobó que así era, lo que sirvió (como no) a unos para sostener la «veracidad» del documento y a otros para probar el elaborado fraude; ¡los números, como siempre!

El Manuscrito Voynich se encuentra en la Biblioteca Beinecke de Yale, catalogado como el ítem MS 408 y está considerado como el Santo Grial de la criptografía histórica. El códice consta de 240 páginas escritas en una lengua desconocida, expresada en un alfabeto no identificado compuesto por un número de glifos de entre treinta y cuarenta que parecen seguir patrones con sentido. Nadie ha conseguido descifrar el contenido del libro, compuesto alrededor de 1420 según la prueba del carbono 14/438 en el que además del misterioso texto hay abundantes y curiosas ilustraciones. Han trabajado en el enigma muchos especialistas británicos y americanos, incluyendo parte de los que, en la Segunda Guerra mundial, descifraron el Código Púrpura japonés sin obtener ningún resultado. Sólo en el año 1992, Stephen Bax, profesor de la Universidad inglesa de Bedfordshire declaró haber descubierto el significado de algunas palabras, entre ellas *Taurus* y *cilantro* (cosa que podríamos haber hecho usted y yo, puesto que iban acompañadas de sus respectivos dibujos) del total del libro que se compone de lo que parecen ser seis capítulos: herbolario, astronomía, biología, cosmología, farmacia y recetas.

El enigma es tan abstruso que la explicación evidente podría ser la de que es una farsa, una acumulación de signos sin sentido; la obra de un bromista que en su día se tomó su tiempo y aplicó una gran habilidad y conocimiento en confeccionar una gran mentira. Sería, pues, una más de las grandes farsas como lo fueron, en distintas épocas *El Hombre de Piltdown* (de autoría confesa y, aún así, discutida), *Los Protocolos de los Sabios de Sión* (obra de la Ojrana, la policía secreta zarista, para difamar a los judíos), *El gigante de Cardiff* (que el estanquero George Hull mandó tallar en yeso) o *Los diarios de Hitler* (escritos por Konrad Kujau en los años 80 para la revista Stern).

El primer propietario conocido del códice fue un oscuro alquimista de Praga. Fue adquirido después por Rodolfo II de Bohemia por 600 ducados de oro. En la corte se creía que el autor era el franciscano Roger Bacon (1214-1294) porque procedía de un tal John Dee, matemático y astrólogo inglés que tenía como colaborador a otro alquimista llamado Edward Kelly, que presumía de ser capaz de transformar oro en cobre usando polvos mágicos que había encontrado en la tumba de un obispo de Gales, así como la capacidad de hablar con los ángeles en un idioma que él llamaba *enoquiano,* por ser, según el espabilado alquimista, la lengua de Enoc, el padre de Matusalén —conversaciones que el colega Dee copiaba y transcribía...— Tras muchos otros aconteceres, el lituano Wilfrid Voynich lo compró en 1912 en Roma al Colegio Romano junto con otros 30 manuscritos y el siguiente propietario, el anticuario neoyorquino H.P. Kraus, lo donó a Yale en 1969.

La patraña del origen no quita valor económico ni interés académico al libro, sino todo lo contrario. El texto, en lenguaje conocido como *voyniches* sigue el patrón de Zipf y por tanto, el de todas las lenguas conocidas, con lo que hace más atractivo el argumento de la falsificación.

LOS POLVOS, LOS LODOS Y LOS 10 MEJORES

Ayer se fue; mañana no ha llegado;

hoy se está yendo sin parar un punto:

soy un fue, y un será, y un es cansado.

FRANCISCO DE QUEVEDO

Una de las manipulaciones más comunes a las que se ven sometidas las cifras y las relaciones entre ellas es el efecto de causalidad, también conocido por el término latino *Cum hoc ergo propter hoc* (con esto, por tanto a causa de esto). Se trata de identificar o vincular dos hechos otorgando a uno el estatus de causa necesaria, y a veces suficiente, para que otro ocurra por el mero hecho de que estén positivamente correlacionados en la asunción de que correlación implica causalidad. Pondré un ejemplo: El colesterol «es» la causa de la arterioesclerosis. Esta es una afirmación aceptada como verdad indiscutible por el mundo médico y, aún con mayor arraigo, por el común de los mortales. Todo porque se encuentra en el taponamiento de las arterias en los casos de obstrucción. No digo que el colesterol no tenga nada que ver en los incidentes cardiovasculares; no me arriesgo a tanto como para incitar a los lectores a que coman todo el tocino que caiga en sus platos, pero si la única prueba es la evidencia empírica de la presencia del colesterol en la obstrucción que ocasiona el estrechamiento, no sería suficiente para determinar que una cosa es causa de la otra. Sería como afirmar que los accidentes de carretera son causados por la Guardia Civil de Tráfico por el hecho constatable y empírico de que los agentes siempre aparecen en el lugar del accidente.

El norteamericano Tyler Vigen ha escrito un delicioso y disparatado libro titulado *Spurious Correlations en* el que con ingenio y humor muestra correlaciones (tanto positivas como negativas) imposibles, para intentar demostrar la falacia que nos ocupa. Aquí van algunos curiosos ejemplos:

Vigen obtiene una correlación entre la tasa de divorcios anual del estado de Maine y el consumo de margarina en los EEUU de 0.99. En su divertido delirio de correlaciones absurdas, el autor no sólo muestra las positivas sino las negativas. Una correlación negativa entre variables (si hay relación causa-efecto) implica que la ocurrencia de A previene la ocurrencia de B. Pues bien, Tyler Vigen descubre una correlación negativa de -0.94 entre la variable A: «Número de obras de arte visual registradas en el registro mercantil en los EEUU» y B: «Número de mujeres en Nueva York muertas por resbalón o tropezón» (entiendo que mientras andan por la calle o espacios públicos. Torpes, ellas).

Y, finalmente, mi favorita: Existe una correlación de 0.94 (en donde el máximo es uno) entre la variable A: «Ingresos totales generados por estaciones de esquí en los EEUU» y B: «Número de personas muertas por enredarse en sus propias sábanas». El hecho de que ocurran cosas así nos dan idea de lo grande y absurdo que puede ser el mundo (o los Estados Unidos). Se entiende que el sujeto se encuentra solo en la cama —en otro caso, acompañado de frenética actividad, hablaríamos de homicidio o suicidio asistido—, y se habla de ropa de cama. En ningún momento se toman en consideración caídas, derrumbamientos de techos o picaduras venenosas, no. Sólo asfixias y descoyuntamientos provocados por agresiones de sábanas, almohadas y edredones (Dios nos guarde de tan fieros peligros), a los que a más de uno le gustaría exponerse muchas mañanas laborables de invierno.

Andaba el monaguillo canturreando alegre aquella mañana cuando el párroco le interpeló: «¿Cómo puedes estar tan feliz el día que se muere el Santo Padre, el Papa de Roma?» «Pero padre», respondió el rapaz: «el escalafón es el escalafón». Además de cuantificar los eventos o relacionarlos con fórmulas aritméticas, los números tienen la propiedad de dar un orden a los fenómenos atendiendo a cualquier circunstancia por el que estos puedan ser clasificados. No importa que seas lector de prensa en papel, digital o usuario de las redes sociales. Raro es el día que no te encuentres en Internet páginas del estilo: «Los diez pueblos más bonitos de España», «Los ocho hoteles de cinco estrellas más baratos del mundo» o «Los diez aeropuertos más caóticos a este lado del Atlántico», dotando, dicho sea de paso, al número diez de un protagonismo excepcional. Por algún motivo, el magnético simbolismo del número diez, en un sistema decimal como es el nuestro, condena a los siguientes a un ostracismo conocido también como la fatalidad del undécimo (o decimoprimero, que viene a ser la misma cosa).

Y aquí, amigos, tenemos un problema. Los españoles tenemos un curioso problema lingüístico con los numerales difícil de resolver y que, además, no compartimos con nuestros vecinos franceses e ingleses.

Vamos a imaginar que has participado en una carrera popular y que has llegado a la meta en el puesto 58 de 853 participantes, que ya es una actuación mejor de la que muchos hayamos conseguido jamás, en cualquier evento mesurable. Has llegado, pues, en la quincuagésimo octava posición. Reconozcámoslo: decirlo así es engorroso, es ineficiente, pocos usan el numeral adecuado, y queda mal, como engolado y pretencioso, cuando debería de ser algo natural. Trata de decir en el bar del pueblo, uno de esos pueblos del *hinterland* español, que has llegado en la quincuagésimo octava posición de la carrera y verás a qué me refiero. Por menos, alguno ha acabado en el pilón; por pedante y redicho. Algo así como si vinieras de *Bilbado,* de comer *bacalado*.

Los ingleses lo tienen muy claro. Solo tienen que añadir la terminación *"th"* al número cardinal y ya tienen su ordinal para ser usado en el pub local sin riesgo a ser lanzado a abrevadero alguno. En cuanto a los franceses, lo mismo: la terminación *ième* hace su función de manera eficaz y sencilla: "He llegado en la *cinquant-huitième* posición", puedes decir tranquilamente en la aldea de Astérix sin riesgo de ser amordazado junto al estridente bardo.

En este final de año de la posverdad (llamada antes engaño) —que siguió al año del meme, al que precedió el del selfie—, como en todos los años anteriores, nos han regalado todos los medios de comunicación sus listados de «los diez mejores», con la peculiaridad que se le considera un año negro para las artes y las letras porque han muerto Fulano y Mengano. Patrañas sensibleras. Todos lo son. Y lo seguirán siendo. Murieron Borges, García Márquez y Umberto Eco cuando les llegó la hora. También Amy Whinehouse y Beethoven, como antes les había ocurrido a Cervantes y Shakespeare. De las pocas cosas buenas que tienen la edad es que esta te da perspectiva, y con la mía propia, os traigo, lectores, la triste nueva de que en el año en curso se morirán otros tan relevantes como los del pasado o más, y al otro ocurrirá lo mismo y lo mismo al otro y al otro, hasta acabar con todos los mitos vivientes, al tiempo que se generan otros, celebrando así, de manera macabra o alegre —según se mire—, el continuo gira y gira del carrusel de la vida. Y un año me tocará a mí, e incluso a ti, lector (que Dios te guarde muchos años), de modo que el clamor de las plañideras de final de diciembre calificando al año como desastroso para las artes y las letras no hará sino reforzar la convicción de que todos lo son.

De todas las listas del año que he encontrado, una me ha llamado la atención por ser menos predecible que las demás: se trata del ranking de las 20 películas españolas menos vistas. La encabeza *Manolo Tena, un extraño en el paraíso*, estrenada el 5 de octubre de 2016 y que fue capaz de reunir a 4 espectadores y recaudar 14 euros. No conozco más detalles aparte del frío dato sacado de la prensa, pero me ha dado que pensar: ¿es que Manolo tenía sólo 4 amigos? ¿O quizá tenía más y éstos entraron gratis? ¿Se conoce la identidad de quienes pagaron? ¿Son conscientes estos que han sido los únicos en hacerlo? ¿Lo hicieron de manera consciente y deliberada y conservan la entrada como recuerdo, solo por el prurito de decir: yo soy uno de los cuatro que pagaron por ver cierta película? ¿Cuántos días permaneció el film en cartel? Esta última pregunta, de entre todas las demás que me vinieron a la mente, me trajo a la memoria la famosa anécdota entre George Bernard Shaw,

Premio Nobel de Literatura y el también Nobel y poderoso enemigo y rival Winston Churchill. A punto de estrenar una obra de teatro en Londres, Bernard Shaw, irlandés enjuto, socialista irreductible, vegetariano convencido y animalista, que no mostraba simpatía alguna por el conservador gordo y amante de los cigarros puros, la carne roja y el alcohol señor Churchill, le envió un par de entradas para el estreno. Junto a ellas, una nota que decía: «Adjunto dos billetes para el estreno de mi nueva obra. Trae a un amigo… Si lo tienes». A lo que Churchill respondió a vuelta de correo: «Lo siento, no puedo ir la noche del estreno. Iré la siguiente. Si es que la obra se mantiene en cartel».

El 27 de octubre se estrenó el documental *Contra la impunidad,* obteniendo las modestas cifras de 6 espectadores y una recaudación de 29 euros. El mismo número de espectadores (seis) consiguió el documental *Cervantes: la búsqueda,* aunque consiguiera recaudar 38 euros en taquilla. *La fiesta de los locos* con 15 espectadores y 70 euros, *Querida Gina* con 17 espectadores y 85 euros y *La muerte en la Alcarria* con 45 espectadores y 315 euros siguen en la lista. En fin, ya sé que la Alcarria es una entrañable región de la España interior castigada por la despoblación, pero aun así, me resulta difícil creer que no hubiera más de 45 personas interesadas en ver el documento. Entre Valencia y Madrid conozco yo más de esa cantidad de alcarreños dispuestos a dejarse unos euros en beneficio y memoria de su tierra. Para mi sorpresa, unos puestos más abajo, me encontré con una película que yo sí había visto. Se trata de *L'Ovidi: el making of de la pel-licula que mai es va fer.* Lo cierto es que la había visto por casualidad en un pase gratuito en el Aula Magna de la Universidad de mi ciudad en una tediosa tarde de otoño. El hecho que haya alguien capaz de pagar una película, sea particular o no, que convoque en taquilla a 15 o 20 personas el día del estreno no deja de ser un enigma para mí. Es un misterio como aquel de la financiación de las Diputaciones.

Como contrapunto, el listado de las más taquilleras incluía *Un monstruo viene a verme,* con 4.6 millones de espectadores y 26.3 millones de euros de taquilla, *Cuerpo de élite* con 1.1 millones y 6.5 millones de recaudación, seguida por *Kiki, el amor se hace* (sin comentarios). En el cuarto puesto estaba *Cien años de perdón,* digna película policíaca que en su día había visto, y esta sí, pagando la entrada.

CAPÍTULO IV. EL TIEMPO Y EL AZAR

Marchitará la rosa el viento helado,

todo lo mudará la edad ligera

por no hacer mudanza en su costumbre.

GARCILASO DE LA VEGA

Hay lugares y lugares. También hay no-lugares y hay lugares comunes. Uno de ellos es la afirmación de que hoy en día no hay tiempo. Pero, ¿cómo que no hay tiempo? ¿A qué viene la sandez esa de que no hay tiempo? ¿Cuántas veces hemos oído en la televisión, radio y conversaciones de amigos el comentario de que hoy día no hay tiempo para nada? No hay tiempo para ir al supermercado, con lo que parece que hay que encargar la comida a un portal de Internet, no hay tiempo para detenernos a hablar con el vecino del 5º, no hay tiempo para hacer vida familiar, ni para ayudar a los niños con los deberes ni de leer ese libro que parece tan interesante. Pues claro que hay tiempo. Siempre lo ha habido y siempre lo habrá. Todo depende de cómo lo administremos. Mi conclusión, y quizá también la tuya, lector, es que la escasez de tiempo es la coartada que nos procuramos para no tener que ir al supermercado o hablar con el vecino del 5º, cuya vida, dicho sea de paso, no nos resulta muy apasionante; ni nos apetece hacer deberes con los niños. En cuanto a lo de leer ese libro… bueno, eso siempre puede esperar.

Lo cierto es que, para ser una sociedad sin tiempo, no lo parece en absoluto. En primer lugar, la esperanza de vida nunca ha sido tan alta, por lo que a muchos les sobra tanto tiempo que tienen hasta para abonarse al canal liga. En segundo lugar, nunca se jubiló tanta gente y tan temprano. Tampoco ha habido antes tanto paro, generando cantidad ingente de tiempo redundante y libre. Los medios de transporte son rápidos y eficaces: el metro, el AVE, el coche particular, el autobús, la bicicleta o el ciclomotor nos llevan de un lado a otro con agilidad y el móvil y las redes sociales nos comunican instantáneamente con todos y en todo momento. ¿Me pueden decir entonces de dónde viene la banal afirmación de que hoy en día no hay tiempo para nada y hay que ir necesariamente con prisas? ¿Había más tiempo disponible cuando se segaba con hoz y se viajaba en diligencia o a lomos de mulo?

Les daré alguna idea sobre la tan cacareada escasez de tiempo. Cuando me disponía a escribir este capítulo he abierto el ordenador y he accedido por vicio o costumbre a mi cuenta de Facebook, con la idea de echar un somero vistazo antes de empezar con la labor del día. Allí me he empapado de las innumerables historias, chascarrillos, ocurrencias, eventos y otras trivialidades que mi casi centenar de amigos ha tenido a bien subir hoy a la Red. Lógicamente, ha habido que señalar unos cuantos "me gusta" y hacer unos comentarios de cortesía. He *clicado*, por tercera o cuarta vez, sobre un enlace en el que hay un tipo cayendo junto a las fauces de un cocodrilo atraído por el titular *Humano devorado por una fiera* ¡A ver quien se resiste a un titular así!, para darme cuenta (por tercera o cuarta vez) que es mentira, que te lleva a otro enlace de pago... Al acabar todo este proceso, ahíto y a la vez insatisfecho de tanta nadería, he pulsado el icono del *whatsapp* de mi móvil y me he atiborrado con cinco o seis ocurrencias en formato vídeo y contestado ¿cómo no? los mensajes de tres *chats* diferentes, y cuando he acabado con toda esta trivialidad tras tres cuartos de hora de dispersión intelectual, exhausto de lectura y escritura inane, me he acordado del proyecto inicial, que no era sino comenzar este capítulo. En resumen, siempre hay una tentación a lo que se ha dado en llamar procrastinación, palabra de las más buscadas en la página de la RAE en el último año, y que no es sino el hecho de demorar las obligaciones más de lo necesario, ocupando el tiempo en vacuas bagatelas, supuestamente más agradables (como la consulta al Facebook). De ahí la falta de tiempo. De ahí y de las horas mirando hipnóticamente la pantalla de la televisión, monumento moderno a la pasividad del género humano.

Este es solo un ejemplo de cómo es la gestión del tiempo lo que hace que tengamos una u otra apreciación de su paso. Mientras Shakespeare, Cervantes, Beethoven, Picasso y muchos otros grandes creadores usaron «su» tiempo en hacer obras que se han convertido en inmortales, otros se han dedicado a ignorarlo para simplemente vivir, mientras otros muchos, queriendo agarrarlo, han tenido la sensación de que se les escapa como se escapa la arena de la playa a quien trata de asirla con fuerza. Y esto ha sido así siempre. No es prerrogativa de la vida moderna como muchos dicen, sino un tema inmemorial, como prueba su recurrencia en la literatura desde la tragedia griega. ¿A qué si no se refería Manrique en el siglo XV sino al paso del tiempo con aquello de: «Recuerde el alma dormida, / avive el seso y despierte, / contemplando/ cómo se pasa la vida, / cómo se viene la muerte/ tan callando»?

NO POR MUCHO MADRUGAR…

Lo bueno que tiene morirse es que no hay que madrugar

José Luís Coll

Algunos, en el empeño de asir el escurridizo tiempo a la desesperada, con una lógica tan implacable como ineficaz, se empeñan en hacerlo… madrugando mucho. Trump, en su intercambio de golpes vía Twitter durante la campaña electoral que finalmente ganó, publicó un mensaje denigrando a una *exmiss* venezolana que apoyaba a Clinton. Lo curioso es que el tuit fue emitido a las 5.30 de la mañana, hora local; la hora del buen dormir para los que somos limpios de corazón y sanos de testa. Sorprendida también por lo intempestivo del momento, Hillary le contestó (supongo que ya amanecido): *¿Qué tipo de hombre se queda levantado toda la noche para difamar a una mujer con mentiras y teorías conspirativas?*

Pero no sólo el hombre del escultórico tocado vela las armas a horas tan tempranas. Según he leído por aquí y por allá hay una tendencia entre muchos líderes de la vida pública y corporativa estadounidense a iniciar la jornada mucho antes de salir el sol, influenciados o no por el exitoso libro *The Miracle Morning* (*El milagro de la mañana*, en español) de Hal Elrod. Veamos algunos ejemplos:

Ivanka Trump, la hija de Donald dice levantarse a las 5.30 (curiosamente a la misma hora que su padre dedica a tuitear, para así hacer una hora y media de meditación, lectura y algo de deporte. ¿Qué hace el resto del día? Ni idea. Ana Wintour, de 63 años, editora jefe de Vogue, se levanta aún algo más temprano: a las 5.00 y, tras hacer algo de deporte —tenis— (sin especificar la identidad del contrincante), pasa una larga sesión con su estilista personal para estar sentada en su oficina a las 8:00. Bob Iger, Director Ejecutivo de Disney, dice levantarse a las 4.30 e Indra Nooy, de Pepsi, a las 4.00 (aún así no logra adelantar a CocaCola). Sergio Marchionne, presidente de Fiat-Chrysler asegura saltar de la cama a las 3.30 y eso que es italiano. Las 3.30 es la hora en la que tipos como yo estamos cogiendo el buen sueño. Dan Lee —Director General de NextDesk, un gigante americano del mueble de oficina— se levanta también a las 3,30, se bebe dos litros de agua y se toma dos tazas de café. ¿Han probado ustedes a beberse un vaso de agua nada más levantarse? Pues el tipo se bebe dos litros más dos cafés que, tratándose de América, y dado el tamaño de las cosas en aquel país, viene a ser algo así como cubo y medio. A continuación pasea al perro durante media hora y a las 5.15 va al gimnasio (suponemos que al de su propia casa, pues ¿qué gimnasio está abierto a esa hora?) y de ese modo puede estar sentado en su oficina a las 7.15 para desesperación de sus empleados. Tim Cook, de Apple, es otro madrugador: se levanta a las 3.45, revisa el correo, va al gimnasio, desayuna… Pero el que se lleva la palma de los madrugadores parece ser Jean Claude Biver, de TAG Heuer, que empieza el día a las 2.30, es decir, antes de que en mi país termine la película de Antena 3 con sus innumerables cortes publicitarios. Un despropósito.

¿Y en la Casa Blanca? ¿Qué hacen allí? Sabemos, por los tuits, de la rutina matinal del nuevo Presidente. En cuanto a la mujer del anterior, Michele, pertenece al club de los madrugadores. En su estancia en la Casa Blanca decía levantarse a las 4.30. ¿Y se puede saber qué hace Michele levantada a las 4.30 aparte de perturbar el sueño de su marido con sus idas y venidas? Casi todos los madrugadores dicen aprovechar la tranquilidad que precede al alba para hacer ejercicio y "para meditar", es decir, que lo más común es verles sentados en la postura del loto, mirando a un punto fijo en la pared tratando de no pensar en nada y diciendo «Uuuuummmmm»; y me pregunto: ¿para eso tanto sacrificio? ¿Es que no pueden mirar a la pared y decir "Uuuummmm" a las, digamos, once de la mañana, que parece ser un momento mucho más conveniente?

Si las personas, sin estar obligadas a ello, claro está, se levantan en medio de la negra noche y meditan, hacen deporte, ordenan su agenda y contestan el correo antes de salir el sol, ¿qué hacen el resto del día? ¿Acaso meditar, hacer deporte, ordenar su agenda y contestar el correo? Intuyo que los quehaceres de una primera dama de los EEUU conlleva responsabilidades y una agenda muy completa. Me hago cargo de que hay que elegir el menú (que diseñan y elaboran otros) y ocuparse del huerto de la residencia oficial (que cavan y abonan otros). Entiendo que entre las obligaciones habrá que dar muchos discursos (que escriben otros) y agasajar a muchos invitados y visitantes (a quienes otros se ocupan de servir). De modo que, querida Michele, ¿por qué hay que ser tan avariciosa con el tiempo? Y sobre todo: ¿qué haces con el resto de las horas del día además de respirar? La gente, por lo general, hace la compra, cocina su propia comida, trabaja su huerto y lleva su propia agenda e incluso la de otros. Tienen tiempo para respirar y algunos hasta para decir *Uuuummmm* de cuando en cuando. Y se levantan cuando ya ha amanecido.

La meditación, tan apreciada entre los madrugadores triunfadores del otro lado del Atlántico, tiene su versión revisada y actual conocida como *mindfulness*, o «conciencia plena», y se refiere, en psicología, a la disposición mental a concentrarse en lo que se está viviendo en el momento e intenta atajar la perversa disposición humana de ocupar la mente con malos rollos del pasado, lo que ensombrece las vidas, o con miedos o malas expectativas de futuro, lo que dificulta el disfrute del momento. Al fin y al cabo, como dijo John Lennon, «la vida es eso que se nos escapa mientras estamos haciendo planes».

Para ilustrar el concepto de *mindfulness* leí en el diario una original manera de explicarlo. Una psicóloga se dirige a una audiencia con un vaso con una cierta cantidad de agua. La audiencia, al momento, intuye que la profesional les va a interpelar a propósito de si ven el vaso medio lleno o medio vacío. La pregunta, en cambio, es otra: «¿cuánto creen ustedes que pesa el vaso?» Las respuestas de la audiencia varían entre 100 y 500 gramos. La psicóloga, entonces les habla de que sostener el vaso un minuto no supone ningún esfuerzo, hacerlo una hora puede causar el entumecimiento del miembro y hacerlo veinticuatro horas seguidas provocaría un problema orgánico grave. «De la misma manera actúan en nuestro organismo los malos recuerdos o los miedos por el futuro». Una manera ocurrente de explicar el concepto por un procedimiento al que muchos han dado en llamar *storytelling,* otra palabra que se nos ha colado vía marketing, que ha empezado a tomar presencia en boca de muchos y que se refiere al hecho de crear una historia que venda un producto en vez de invitar directamente a la compra del mismo.

Lo cierto es que, este mundo de madrugadores, enemigos acérrimos de la procrastinación, que se tiran de la cama en mitad de la negra noche para tratar, avariciosamente, de vivir más y producir más y mejor ilustra el concepto de la relatividad del tiempo y también ciertos postulados de la física cuántica. El físico Hugh Everett formuló en 1957 la teoría de los «mundos paralelos» o «muchos mundos» (*many worlds*, en inglés) en su interpretación de la paradoja del gato de Schrödinger. Ya saben: hay un gato en una caja que contiene un tarro de veneno que se activa por una partícula radiactiva que tiene un cincuenta por ciento de probabilidades de que ocurra. Según la física cuántica (o una parte de ella) el gato está muerto y vivo al mismo tiempo hasta que abrimos la caja, cosa de la que Einstein nunca estuvo convencido hasta el punto de afirmar: «me gusta pensar que la luna está ahí fuera, aunque yo no la mire». Según la interpretación de Everett el gato está vivo y está muerto en ramas diferentes del universo, incapaces de interactuar entre sí debido a la decoherencia cuántica.

Es posible, según las formulaciones cuánticas, que existan muchos mundos paralelos, ¿por qué no?, y entre ellos un mundo, extraño para mí, en el que las personas se levantan a las tres y las cuatro de la mañana, con el propósito de vivir muchas vidas en una. «Creo que nadie entiende verdaderamente la mecánica cuántica» dijo Richard Feynman, Premio Nobel de Física. Pues sí señor Feynman. Le doy la razón.

DEL SALMOREJO AL SELFIE.

1 kg de tomates, 200 g de pan de telera cordobés o pan con buena miga, 250 g de aceite de oliva virgen extra, 1 diente de ajo y una cucharadita de sal.

Salmorejo cordobés. Ingredientes

Mundos paralelos, fácilmente comprensibles sin recurrir a la física cuántica y a las singularidades del simpático gato de Schrödinger, eran América y Europa antes de Colón y antes, mucho antes del actual *America first;* y como muestra, un delicioso plato: el salmorejo.

Con la primavera se acerca el tiempo del salmorejo y del gazpacho, nutritivos alimentos a los que los españoles somos muy aficionados. Cuando se piensa en el origen del sabroso plato cordobés resulta extraño pensar que el bermellón o rosado salmorejo, en su origen, no llevara tomate alguno por la sencilla razón que el tomate se introdujo en España en el siglo XVI, se popularizó mucho después y el salmorejo, como el gazpacho, es mucho, mucho, más antiguo. Es posible que fuera un plato pre-romano y en su origen no era sino pan duro majado en agua con sal y vinagre, ajos y un buen chorro de aceite, tan abundante en tierras andaluzas. Blanco, pues, como blancas eran las gachas de harina, agua salada y vinagre que comían las legiones romanas como plato principal. Con ello conquistaron el mundo conocido, como los castellanos y extremeños con sus migas y sopas de ajos.

La harina, el pan duro, las tortas ácimas y cualquier otra variante del trigo molido majado, remojado o cocido con agua, acompañado por ajos y cualquier otra cosa comestible y de fuerte sabor parece haber sido la base alimenticia de nuestra civilización: pre- romana, romana, española y europea, dando origen, en nuestro país, a platos como gazpachos fríos y calientes (andaluces y manchegos), gachas, migas, sopas de ajo… y el salmorejo.

En verdad, es difícil imaginar la cocina europea sin tomate: ¿Qué comerían los italianos, por ejemplo? ¿Qué sería de la pizza napolitana sin salsa de tomate? ¿Y de la salsa boloñesa, tan popular en todo el norte del país? ¿Y los españoles? ¿Qué clase de gazpachos fríos, ensaladas murcianas, y sofritos comerían? Lo del sofrito, base del guiso mediterráneo, es un milagro aparte, puesto que el tomate tuvo que venir de América para encontrarse con la cebolla y el aceite de oliva, que hicieron el camino contrario, de modo que, en algún momento, en mitad del Atlántico, en las bodegas de dos barcos, probablemente españoles, se cruzaron por primera vez las semillas (y los frutos) del primer sofrito sin llegar a conocerse. Años después llegarían a ser inseparables, en el contexto de lo que en inglés se denomina *«Columbian Exchange»*, que no es sino el intercambio de plantas, animales, tecnología e ideas entre Europa (Euroasia y África, para ser exactos) y las Américas (principalmente lo que los antropólogos llaman Mesoamérica, que no es sino América Central y las partes de América del Sur y del Norte que interese, según el tema a tratar).

Dado nuestro etnocentrismo nos resulta muy llamativo el imaginar una inimaginable Europa sin patatas, por ejemplo; o sin pimientos, chocolate, cacahuetes, maíz o alubias, (¿qué sería de los asturianos sin su fabada o de los vascos sin sus alubias de Tolosa?), pero especialmente sin patatas, que pronto pasaron a ser alimento básico de países como Polonia, Alemania o Irlanda, país, este último, en donde una plaga del cultivo llegó a diezmar la población y provocó el éxodo de irlandeses por el mundo, en la hambruna conocida como la *Great Famine* de 1852 a 1854.

Pero el verdadero, y quizá menos llamativo, trasvase fue el que se produjo en sentido inverso: de Europa a las Américas. Veamos: los colombianos (o quienquiera que viviera allí) no conocían el café, que fue llevado por los españoles, contingencia que hizo posible la existencia del entrañable bigotudo personaje que con mula y guayaba blanca anda seleccionando los buenos granos y que parece representar la esencia del país. ¿Y qué sería de Argentina si no hubieran llevado vacas los europeos, sin, ni siquiera, gauchos a caballo?, ¿qué diablos había antes allí? El cerdo, el caballo y la oveja fueron también "exportaciones europeas", además de la caña de azúcar, desconocida en el lugar por los abuelos de los cubanos y los cereales más cultivados en el mundo, incluyendo el arroz y el trigo, fueron también aportaciones de este lado del Atlántico. Vale, tenían maíz, en América, pero ¿cómo podían vivir sin trigo, ni centeno ni cebada? ¿Cómo podrían fabricar la Coronita, la Budweisser o la Quelmes? ¿Cómo sería el paisaje de Kansas antes de llegar el trigo? ¿Y qué lomos montaban los indios antes de que los europeos les llevaran el caballo y les mostraran sus posibilidades?

Bien es cierto que hoy en día los americanos tratan de meter cosas poco aceptables para los señoritingos europeos en los tratados bilaterales como son el *fracking* o los cultivos transgénicos, que al otro lado parecen ser productos inocuos. Quizá sea una venganza contra los europeos por haber incluido en el paquete de «exportaciones» a América las paperas, la gripe, la malaria, la difteria, el tifus y, sobre todo, la viruela, para lo que los autóctonos no estaban inmunizados y que mató a cientos de miles de nativos americanos. No sé, quizás sea eso, aunque bien pensado, ellos nos enviaron el tabaco, que posiblemente haya causado más bajas que la viruela y ahora han elegido como Presidente a Donald Trump, que si bien es «muy» americano, es descendiente directo de alemanes y escoceses. Estamos empatados.

¿Recuerdan algunos de ustedes, lectores de cierta edad, el tiempo en que las personas acudíamos a los eventos a ver, escuchar y, de vez en cuando, participar en ellos? Llegó el vídeo, y con él, la cámara doméstica. Los papás (también las mamás, pero menos, puesto que ellas siempre han sido más dadas a la comunicación verbal) comenzaron a acudir a los festivales infantiles y otros eventos familiares armados con un aparato y con el exclusivo propósito de filmarlo todo. No parecía importar mucho, pues la aportación de algunos papás a la fiesta —cuando no rodaban— era tan irrelevante, que el hecho de manipular la máquina parecía ayudar al desarrollo del evento más que a obstaculizarlo. De este modo, el papá se podía liberar de manifestar sus emociones (ninguna, de hecho), concentrado como estaba en mirar por el objetivo. Llegó la cámara digital y con ella el abaratamiento de la fotografía hasta la gratuidad, con lo que el mudo social podía estar entretenido indefinidamente con la estupenda coartada de las fotos y las imágenes. Después llegó la cámara de fotos y vídeo en el teléfono, permitiendo que todos llevaran el aparato de filmar siempre en el bolsillo. La verdadera expansión, sin embargo, llegó con los programas de mensajería instantánea. A partir de ahí, la captación de imágenes y su distribución se convirtió, no en el testigo de la fiesta sino en la fiesta misma. No se trata de cenar sino de retratar, filmar y distribuir las imágenes de la cena. ¿Excursión o fotos de la misma?, ¿viaje o reportaje?, ¿huella en la memoria o documento gráfico?

El fenómeno ha llegado a cotas verdaderamente absurdas, especialmente en cuanto a celebridades se refiere: no hay visita de Obama, Trump o Beyoncé a las tropas estadounidenses de, digamos, Afganistán, en que no estén todos, y digo «todos», filmando al líder al tiempo que le dan la mano o acompañan en el paseo en un ridículo, además de grosero, ritual. ¿Se dan cuenta de qué clase de relación, conversación, o intercambio de opiniones o experiencias puede tener un líder o famoso entre veinte o treinta compatriotas que están filmándole con un aparato en la mano derecha al tiempo que hablan con él o se ponen a su lado cachete con cachete para sacar un *selfie*? Sencillamente, ridículo.

Si visitan El Louvre, les recomiendo encarecidamente que no dejen de visitar La Gioconda. No para que vean el cuadro —que difícilmente lo podrán hacer con la mínima tranquilidad—, no; para eso miren cualquier reproducción en su ordenador. Se encontrarán con una sala abarrotada de gente, muchos de ellos asiáticos (por pura estadística) con una mano en alto, retratando (o absurdamente grabando lo inmóvil) allá en la lejanía, la famosa pintura. ¿Con qué objeto?, se preguntarán. ¿Para verlo después? Bueno, en Google encontrarán reproducciones excelentes. ¿Para decir o decirse a sí mismos que han estado ahí? ¡Pero si ya lo saben! ¿Me pueden decir pues, para qué quieren esa foto? ¿No será para mantenerse ocupados y de ese modo tener «algo que hacer» en una situación en la que, de otro modo, no tendrían nada que decir ni (lo que es más preocupante) que pensar o que sentir? La última vez que estuve en el Museo parisino quedé fascinado ante el espectáculo fotográfico e intenté sacar mi propia foto: la de los fotógrafos, que era para mí un documento sociológico más interesante que el cuadro. Me lo impidieron los empleados del lugar. Cuando encuadraba al personal desde el ángulo elegido, un ujier se puso delante de mí, indicándome la prohibición de mi acto. Todavía no entiendo porqué pero desistí de discutir con el tipo y, por consiguiente, de la instantánea, teniendo que conformarme con hacer la foto de la espalda de la gente, desde el encuadre convencional. Lástima. Habría sido la mejor instantánea de París: la vacua futilidad de las acciones del ciudadano turista.

Hace muchos años, en la Era que precedió a la fotografía digital y coincidiendo con la Semana de la Moda de París, me encontré por azar a la puerta del Petit Palais de la capital y me tropecé con los invitados que llegaban al desfile de una gran casa de moda parisina. Quedé moderadamente impresionado por la puesta en escena de tanto oropel y hombro femenino desnudo en la fría tarde de invierno junto al Sena. Me quedé con ganas de entrar al desfile. Tuve la sensación de estar excluido de un acontecimiento importante, de un lugar en el que iba a pasar o estaba pasando «algo». Sigo sin haber sido invitado al evento anual parisino, pero veo por las fotos que publica la prensa de uno de los grandes desfiles que, hoy por hoy, allí dentro, hacen lo mismo que en la comunión del niño, principalmente las mujeres asistentes: filmar con el iPhone. Como los de La Gioconda, pero más arregladitos. Para ese viaje no hacían falta tantas alforjas.

EL AZAR

"¡Oh!" dijo el borrico;

"¡qué bien sé tocar!

¡Y dirán que es mala

la música asnal!"

TOMÁS DE IRIARTE, *El burro flautista*

La pelota acaba de tropezar en la cinta de la red y está en el aire. El rival está al fondo de la pista, con lo que si cae en campo contrario es punto seguro, lo que significa *set* y partido. Si cae en nuestro campo, por el contrario, la cosa se complica. Es punto para el rival, el partido continúa y puede acabar en derrota. La pelota en el aire, como el gato de Schrödinger (el de la caja), lo es todo: el triunfo y el fracaso, el júbilo y la aflicción, el éxito y la ruina, la fama y el olvido. De este modo, Woody Allen empezaba la película de Match Point, remarcando el papel del azar, de la casualidad y la causalidad que rigen nuestras vidas sin que, a menudo, nosotros podamos hacer otra cosa que mirar la caprichosa pelotita que tiene en su redondez la llave de nuestro destino. Al final de la historia, el protagonista Chris Wilton (Jonathan Rhys-Meyers), subyugado por una arrebatadora Scarlett Johansson, comete un doble crimen y se convierte en sospechoso principal de la policía, pero hay un golpe de azar que salva al asesino: al desprenderse de ciertas joyas que el tipo roba para despistar tirándolas al río, un pequeño anillo rebota de manera fortuita con la barandilla y al igual que la bola de partido, tras quedar en el aire indeciso, cae a la parte de la calle. El anillo es encontrado más tarde en el bolsillo de un delincuente muerto por sobredosis y tira por tierra la teoría de la autoría de Chris. De esta manera ingeniosa y elegante cierra Allen el círculo de la historia que no es sino una lúcida parábola del azar. Esta vez la historia sale bien. Para el protagonista, que no para la justicia.

Me encontré con el argumento un día del último verano olímpico. Esta vez la historia había sido rodada con dos finales diferentes. Cada uno con la pelota a un lado de la red. Por una parte, el equipo español de básquet femenino había eliminado a Turquía en un agónico final tras haber ido por detrás la mayor parte del tiempo. En el último segundo y con el marcador igualado, la jugadora Anna Cruz lanzó una pelota que, tras flirtear dando golpecitos con el aro… ¡zas!, entró. Dos puntos arriba, final del partido y el equipo español, clasificado para cuartos. En la misma ciudad, el mismo día, las chicas del equipo femenino de balonmano, conocido como *Las Guerreras* vieron cómo se les complicaba un partido contra Francia que habían tenido ganado durante todo el tiempo, a veces con gran ventaja. En el último segundo de la prórroga, la jugadora española Nerea Pena lanza una pelota que podía significar el *match point*. Ésta golpea el poste y esta vez… ¡zas!, la pelota sale rebotada al campo, lo que significa la eliminación del equipo. Los Juegos Olímpicos, de nuevo, traen historias de grandes temas clásicos: El destino, el azar, la gloria y la humillación, el encumbramiento del ganador y la pena por el héroe caído… La vieja tragedia en estado puro.

¡Bueno, no exageremos! Solo se trata de evocar los grandes temas de vida o muerte con inocuos jueguecitos de pelota que restan sentido trágico a la acción y nos recuerdan que las pelotas se inventaron redondas para hacer a veces predecible, y a veces caprichosa, su trayectoria. En ocasiones botan aquí y otras allá, para gozo o pasmo de millones de seres corrientes, adocenados dentro de la masa, que fían su ventura al caprichoso girar de la esferita con la que juegan otros y no hacen sino mirar el medallero para sentirse, ¡válgame Dios!, realizados.

O sólo España me importa, podría ser la otra lectura. Llegaron los Juegos Olímpicos, lo que en mi caso significa encender la tele más rato del habitual —es decir, mayor que cero— y ver de entretenerse uno de cuando en cuando, mirando imágenes de deportes insospechados y hasta desconocidos. Hoy es un rato de tiro con arco, al plato o con pistola, en la que los tiradores usan gafas y artefactos extraños, mañana piragüismo de aguas bravas o de equipo o parejas, o vaya usted a saber. O boxeo, golf, natación, lanzamiento de hueso de aceituna o levantamiento de troncos; así hasta llegar al atletismo, el padre de todos los deportes olímpicos, resistiendo incólume al desafío de la natación. Lo cierto es que todos tienen su interés y particular estética, evocan mundos alejados de la cotidianeidad y hacen entrever largas horas de entrenamientos, vidas enteras dedicadas a perseguir la excelencia en adquirir destrezas que nos son extrañas o vagamente familiares.

En su última edición pasé unas cuantas horas viendo gimnasia femenina: unas niñas de uno cuarenta de estatura chinas, rusas, norteamericanas, holandesas o japonesas haciendo saltos y movimientos prodigiosos, casi imposibles. Entretenido con sus piruetas escuchaba a las locutoras de televisión diciendo mayormente nimiedades técnicas de las atletas. A mí me interesaba todo lo demás, todo lo que «no» decían. Me interesaba saber quiénes son esas niñas, qué comen, cuánto se entrenan, si viven con sus familias o en centros de entrenamiento, si aprueban la reválida o la suspenden, cuánto dinero ganan, en el caso de las chinas por qué tienen esa carita de muñecas de porcelana, en el de las americanas (muchas negras con físico prodigioso, aunque menudas) si provienen del *guetto* o de la clase media, si gozan de privilegios escolares por el ejercicio de su actividad, si tienen hermanos, primos o vecinos metidos en tiroteos juveniles o son tranquilos estudiantes suburbanos, qué estatus tienen ahora las rusas en una sociedad que antes de ser mercantilista les concedía jugosas prebendas... Como cotilla y observador del alma humana quiero a Dickens, a Zola, a Víctor Hugo, a Baroja en la locución, que me desgranen los matices del factor humano de la Olimpiada y no las cuentas del medallero y el aburrido relato de la victoria eterna de los de la tribu. ¿Y qué cuentan los telediarios? Hoy nos bombardearán con un estupendo triunfo de Mireia de Sabadell... Hasta el primer triunfo, la entradilla típica de un día de deporte Olímpico, el mensaje era: *Hoy ha sido un día triste para el sueño Olímpico español...* Todo porque tal o cual atleta o equipo no ha conseguido clasificarse para tal o cual final o semifinal, como si el espectáculo olímpico se resumiera a lo que ganan los míos... ¿Qué manera de empobrecer una Olimpiada es esa? En el transcurso de los juegos, la judoca Majlinda Kelmendi ganó una medalla de oro para su país, Kosovo, logrando la primera y única medalla que ha obtenido el pequeño país castigado por la no tan lejana guerra y al que España —por espurias razones de «interés nacional» no ha reconocido aún como país soberano. La chica, convertida en su tierra en heroína nacional, mostraba un orgullo y una emoción contagiosa y auténtica. ¿Por qué no abren los telediarios con una historia así y son las redes sociales las que difunden lo que puede haber de interés en el lado humano de las cosas?

Ganar es aburrido cuando ocurre siempre o casi siempre, como saben los aficionados del Real Madrid, y reducir el interés de un espectáculo deportivo mundial a la posición de tu país en el medallero me parece una simplificación propia de gentes de poca sustancia.

Me consta que esta circunstancia no ocurre sólo en este país. Que todos miran al medallero con la esperanza de verse reflejados en las hazañas de los compatriotas. Lo entiendo, pero ¿por qué no disfrutar con todo lo que el espectáculo es capaz de ofrecer en vez de concentrarnos en lo que hacen (o dejan de hacer) los atletas del lugar? ¿Es que un salto de un tipo de Ponferrada es más salto que otro de, digamos, Liverpool? En eso eran especialistas las autoridades de la RDA, de la URSS y de la Rumanía de Ceucescu, que trataban de capitalizar los éxitos de los deportistas como propaganda del ineficaz sistema político. Y así les fue.

Yo, por mi parte, mientras me mantengo a la espera de un Dickens, un Zola o un Baroja al micrófono de TVE, intentaré indagar en las vidas de las muñequitas de porcelana del Oriente y de las pequeñas chicas del *guetto* de Occidente para contextualizar y poner un poco de sal y pimienta en sus espectaculares actuaciones y prodigiosas piruetas, sin importarme demasiado en quien gana o quien pierde, excepto si se trata de una chica menuda de Kosovo, claro, en cuyo caso siempre estaré de su lado, aunque luche contra una de Villarrobledo.

El intento por controlar el azar nos impulsa a intentar encontrar las leyes que rigen el hecho de que la moneda caiga de uno u otro lado, pero esto queda empequeñecido cuando analizamos las posibilidades de nuestra propia existencia. Como sugiere Séneca cuando se refiere al hecho de que vivimos por puro azar y Ángel González en su poema que comienza con su *Para que yo me llame Ángel González*, ¿cuántas casualidades en cadena se deben producir para que se dé el hecho de una existencia? El ser humano se forma con la conjunción de un espermatozoide que impacta en un óvulo maduro. Teniendo en cuenta que cada espermatozoide daría lugar a un ser humano diferente y hay cientos de miles en cada carrera, el ganador lo es dependiendo de cosas tan poco significativas como la postura coital o el mismo minuto del apareamiento. La casualidad del encuentro de los progenitores no deja de ser una gota en el océano dentro de la casualidad de cientos de miles de encuentros anteriores que forman una larguísima cadena en la que, el fallo de un solo eslabón, la torcedura del tobillo de un hombre del siglo V, por ejemplo, o el encuentro fortuito en la calle con un conocido que le hiciese llegar veinte minutos más tarde a una cita romántica habría generado un ser distinto que habría hecho diferente toda la cadena posterior, frustrando así nuestra venida al mundo. La casualidad, el azar es, pues, la norma y el yo es un mero accidente. Misterios de la vida.

Cualquier cosa menos aceptar el caos, el absurdo como norma. Para ello, para poner orden, los humanos hemos construido un sistema lógico aún a sabiendas que, a menudo, no vemos lo que vemos sino lo que queremos ver. Les pondré un ejemplo: en Playa de Aro, en algún momento del verano anterior a la posverdad, un grupo de monitoras alemanas provocaron una reacción de pánico entre la gente que se encontraba en el centro de la localidad turística provocando una estampida y poniendo en riesgo la integridad física de muchos «como una de las actividades» del grupo que lideraban, lo que nos hace pensar qué clase de grupo era ése, y cuáles eran las otras actividades programadas que se llevaron a cabo o que quedaron por hacer tras el apercibimiento de las autoridades.

Lo cierto es que la gente *vio*, en la algarada de personas corriendo, un atentado terrorista. Los palos de *selfie* fueron vistos por los asustados ciudadanos como armas automáticas y los móviles grabando como bombas, haciendo buena la cita aquella de Chico Marx disfrazado de Groucho, en *Sopa de Ganso,* de «¿A quién va a creer usted, a mí o a sus propios ojos?» Somos así de poco racionales a la hora de explicarnos ciertos fenómenos, lo que hace a la especie humana proclive al gregarismo y a ser manipulada por líderes, ideólogos y santones. Situaciones similares se viven en Sevilla, casi cada año en la noche de la *madrugá.*

En las fiestas de un pueblo, hace años, un chico salió corriendo con un palo encendido por los extremos haciendo como que se había escapado de la plaza el toro embolado, y vi a personas (que conocían al chico personalmente) huir despavoridas porque ellas veían a un chico conocido pero «querían ver» a un toro, de dos patas y 60 kilos, con pantalones vaqueros y ricitos en la cabeza, pero un «toro» que decía *muuuuuuu* con un palo encendido en la mano.

En Italia y en México se movió la tierra no hace mucho para vengarse de los inocentes. Ante las fuerzas telúricas, los humanos reconocemos nuestra levedad y aceptamos el castigo de la fuerza ciega del golpe de mar, del temblor de tierra, del volcán... como inevitable. A dos mil kilómetros de Los Apeninos, un muchacho con más alcohol en el cuerpo de lo que sería deseable, una madrugada se lleva por delante a un hombre trabajador que andaba en moto y deja a dos niñas de 5 y 7 años huérfanas, truncándoles la vida. O todavía más trivial: ese mismo muchacho, es ahora abstemio y observante de las reglas y coge el teléfono para consultar el mensaje que le acaba de entrar y que él estaba esperando con impaciencia, produciendo el accidente que acaba con la vida del padre cariñoso y trabajador y el consecuente desamparo de quienes deja detrás. ¿Merece un despiste tan nimio un castigo tan brutal? ¿Tiene sentido que el hecho imprudente e insignificante de mirar una pantalla durante dos segundos tenga tan terribles e irreversibles consecuencias?

El hombre, en su intento de poner orden en el caos, ha construido un entramado lógico de castigos y recompensas en el que la pena debe estar en consonancia con el crimen y le desconcierta y horroriza el hecho de que esto no sea así. Sobre esa base se fundamenta el sistema religioso y el jurídico- penal. ¿Has sido bueno? Irás al cielo. ¿Has pecado? Habrá que expiar el asunto de alguna manera, en vida o en el más allá. Por este motivo nos resulta tan difícil aceptar el cáncer infantil o cosas tan desproporcionadas e inexplicables como el hecho de que alguien como el gallego Ramón Sampedro resultara tetrapléjico para el resto de sus días por el hecho de saltar al mar un segundo después de que la ola se retirase de la roca. Imprudencia, sí; pero, ¿no es un precio desproporcionado el que el hombre tuvo que pagar por el mal cálculo de un segundo? ¿Dónde está la medida de la justicia?

LA (MALA) SUERTE

Podemos explicarnos nuestra vida como un perturbador e inútil
episodio en el dichoso sosiego de la nada.

ARTHUR SCHOPENHAUER

¿Buena, mala suerte? William Huskisson (1770-1830) fue un político y hombre de estado notable en la Inglaterra de su época. Fue Secretario de Estado en el gobierno de Pitt de 1804 a 1806, Presidente del Consejo de Comercio y Tesorero de la Armada, ministro del gabinete y protagonista de la reforma y aprobación por el Parlamento de importantes leyes, como las *Navigation Acts,,* reformas dirigidas a la regulación y mejora de los intercambios económicos entre naciones por medio de reducciones de tasas mercantiles. Fue también, como Ministro para las Colonias, artífice de la reforma de las condiciones de los esclavos con su *Consolidated Slave Law.* Tuvo pues, una vida plena y muy activa en la política, pero es uno de esos raros casos en que la figura alcanzó su celebridad no por su vida, sino por su muerte; o más bien, por las circunstancias en que esta se produjo. El insigne político goza del dudoso honor de ser la primera víctima mortal en accidente ferroviario. Y además, ocurrido en circunstancias nada convencionales.

El 15 de Septiembre de 1830, tras años de construcción y diversas pruebas, todo estaba preparado para hacer el viaje inaugural de la primera línea de ferrocarril del mundo: la que une la industriosa ciudad de Manchester, en el norte de Inglaterra, con el puerto de Liverpool, a 56 kilómetros de distancia. Ocho trenes salieron de Liverpool en dirección a Manchester a las 11.00. En uno de ellos, el de las autoridades, viajaba el Primer Ministro y héroe nacional, el Duque de Wellington, antiguo guerrero, bien conocido en España por haber combatido a Napoleón en las tierras ibéricas y derrotado al Emperador corso al mando de las tropas aliadas en la batalla de Waterloo. La idea era la de llegar a Manchester y volver a la ciudad portuaria en el mismo día; lo cual no todos lo consiguieron, dadas las innumerables contrariedades, incidentes y accidentes de la jornada.

Cerca de Parr, a unos 21 kilómetros de la salida, ocurrió el primer percance. Uno de los trenes perdió una rueda, lo que provocó un pequeño descarrilamiento que causó la parada no programada del convoy y la consiguiente embestida del tren que le seguía, afortunadamente sin consecuencias. La rueda fue repuesta por los ingenieros y la fiesta continuó.

La tragedia, sin embargo, acechaba y se produjo en Parkside, a mitad de camino, punto en el que se había instalado una estación de aprovisionamiento de agua para las máquinas de vapor. En ese punto, se detuvo el tren en el que viajaba el Primer Ministro y, en otro carruaje, el mismo Huskisson. Una cincuentena de viajeros, en contra de las indicaciones dadas por el personal ferroviario, bajaron del tren a estirar las piernas charlando animadamente. Huskisson fue uno de los que bajó a la vía. Aconsejado por alguno de sus partidarios se acercó al vagón del Duque para saludarle; había habido diferencias importantes entre la postura del Primer Ministro y la de nuestro hombre, diputado por Liverpool, respecto a la reforma de la ley electoral y parecía un buen momento para la reconciliación dado el clima de euforia reinante. En aquel preciso momento, por la vía paralela y en dirección contraria, se acercaba otro de los trenes del convoy guiado por una locomotora Rocket, diseñada, como las otras, por el ingeniero George Stephenson.

La confusión fue general entre personas no acostumbradas al movimiento de grandes máquinas moviéndose a velocidades desorbitadas para la época (unos 30 km por hora). Lo cierto es que todos lograron eludir ser arroyados por la Rocket saltando al lado contrario o subiéndose a su propio vagón. Todos… menos el infortunado Huskisson que, presa del pánico, se agarró de la manecilla de la puerta del vagón del Duque. En consecuencia, la puerta se abrió, y puerta y diputado fueron arrollados por el tren. El herido, que resultó con una pierna destrozada, fue subido al mismo tren y trasladado a Eccles, cerca de Manchester; se le acomodó en la vicaría y allí, atendido por los médicos que iban en el tren y otros cirujanos traídos de la ciudad, falleció esa misma tarde.

La muerte del político fue el más trágico incidente del evento, pero no el único de aquel accidentado día. Tras considerarse la vuelta a Liverpool desde el punto del accidente, se decidió continuar el viaje. Las muchedumbres expectantes en la ciudad industrial, con alcohol en el cuerpo y en contra de algunas de las políticas del Primer Ministro, lesivas (según muchos) a las economías de las ciudades del industrial norte, empezaban a impacientarse con el retraso de la llegada y a las autoridades locales les costaba mantener el orden. Cuando por fin, a las 15.00 (tras cinco horas de viaje), llegaron los trenes, la comitiva fue recibida con vítores y abucheos, pancartas y lanzamientos de objetos con lo que el Primer Ministro no se dignó en bajar, pidió que le subieran la comida al vagón y ordenó el regreso inminente. Tras muchos incidentes salió de vuelta el tren del Primer Ministro con solo tres carruajes a las 16.37, pudiendo llegar a Roby, en las afueras de Liverpool, alrededor de las seis y media. Los otros 24 vagones de pasajeros cargados con unos 600 pasajeros fueron unidos en un solo convoy propulsado por las tres locomotoras hábiles y consiguieron llegar a la ciudad portuaria a las diez y media de la noche, sin luz alguna en las máquinas o carruajes y con tantos percances que se consiguió una velocidad media de unos ocho kilómetros por hora. En un momento de la vuelta se hizo bajar a los hombres del convoy (unos 400) y andar una milla en la oscuridad para que el tren pudiera salvar un repecho...

Casi cien años más tarde, en Barcelona, otro hombre fue muerto arrollado por un tranvía un 7 de junio de 1926 mientras cruzaba la Gran Vía de las Cortes Catalanas. Al contrario de lo que ocurriera con el inglés, el de Reus, indocumentado y vestido casi como un mendigo tuvo una atención precaria. Al cabo de un tiempo indeterminado y precioso en que nadie se ocupaba de él mientras permanecía inconsciente sobre la calzada, fue montado en un taxi por un guardia civil y trasladado al Hospital de la Santa Cruz. Allí, al día siguiente fue reconocido por el capellán, pero ya era demasiado tarde para hacer algo por él. A los tres días del ingreso moría Antoni Gaudí, de quien su obra, y no las circunstancias de su muerte, ha pervivido en la caprichosa memoria de la historia.

El 9 de agosto de 1945 los americanos lanzaron su segunda bomba atómica: la de Nagasaki, con efectos devastadores produciendo muerte y destrucción en la ciudad, aunque menos que en Hiroshima, dado el tamaño de la ciudad y la orografía del lugar. Lo paradójico, dentro de lo macabro, es que la ciudad no era el destino inicial. La bomba debía lanzarse sobre Niigata pero el cielo estaba cubierto por las nubes y se desechó el objetivo una vez iniciada la misión. Se consideró Kokura, que era el objetivo alternativo a Hiroshima, pero ese día había espesa niebla en la zona, de modo que se eligió Nagasaki por el hecho de que el cielo estaba allí despejado. Y esa burla del destino fue el crimen que mereció el duro castigo de decenas de millares de personas quemadas y deformadas por el calor y la radiación. Todo el horror que padecieron esas personas y las que murieron los días y meses siguientes tras tremendos sufrimientos se debió a que ese día amaneció despejado en Nagasaki. La nube determinó que fueran unos, y no otros, quienes sufrieran las terribles consecuencias del fuego y la radiación. La perdición de la ciudad fue la fortuna de Kokura y sus habitantes, que se habían salvado dos veces del apocalipsis.

En todas esas alegres y estimulantes cosas estaba yo pensando la otra noche mientras miraba el magnífico cielo estrellado en el campo. Entonces me acordé de que las estrellas fugaces no son ni siquiera estrellas, que son fragmentos de un cometa que entran en incandescencia al roce con la atmósfera; en cuanto a las estrellas... ni ellas siquiera existen, o al menos tal y como las vemos. En realidad lo que vemos es la luz que estas emitieron en un tiempo pasado, hace unos años algunas (las más cercanas) y miles o millones de años otras, que dicen los expertos que ya han desaparecido, que se han apagado. Un timo, el cielo. Y eso que parecía fiable. Nada es lo que parece.

HOMBRE MALO, HOMBRE BUENO

Sin ser pobres ni ser ricos,

tienen chimenea y huerto;

no los despiertan cuidados,

ni pretensiones ni pleitos.

LOPE DE VEGA. A mis soledades voy.

Hay historias que se repiten, como la de la chica de la curva. En el medio rural había una entre los albañiles: un obrero del pueblo era tan poco espabilado, el pobre, que construyendo una «gorrinera» (solución habitacional del cerdo, más pequeña que un módulo amueblado de IKEA) quedó dentro y tuvo después que derribar el muro recién construido para poder salir. Lo curioso es que daba igual el pueblo o provincia en que uno se encontrara. Siempre había ocurrido en «ese» pueblo.

El refugiado sirio Muhannad M. vive en una pequeña ciudad del oeste de Alemania parecida al Bonn de Le Carré. El individuo es pobre, por lo que amuebla su «solución habitacional» con viejos muebles retirados de otras casas. ¿Y que había dentro del armario usado que le había dado una ONG? Pues, sí: alguien había olvidado en un escondite de uno de los cajones la cantidad de 50.000 € acompañados de una libreta de ahorros con otros 100.000 € más.

Es sorprendente el número de veces que se dan circunstancias parecidas: personas que olvidan miles de euros en la silla contigua del bar en que se paran a tomar el café con leche o en el asiento del taxi. A mí me resulta increíble: el hecho de que alguien vaya al banco, saque miles de euros para esto o aquello y se olvide el fajo de billetes en el asiento de un taxi es algo difícil de entender, por cuanto se supone que es algo que no se hace todos los días. Para eso están los cheques y las tarjetas, para evitar manejar cantidades considerables de dinero, pero si alguna vez, por algún motivo, yo sacara, digamos, veinte mil euros en billetes, tengan por seguro que no me los habría de dejar olvidados en el asiento de ningún bar. Ni de ningún taxi.

La noticia siempre es muy similar: una persona pobre, a veces en situación de precariedad, encuentra el fajo de billetes que le podrían ayudar a sobrellevar las penurias y respetuosamente da cuenta del hallazgo a las autoridades para que estas pongan el dinero a disposición del dueño (anterior, se entiende, por cuánto el legítimo es dudoso en la medida en que se trata de un valor al portador conseguido sin coacción de ningún tipo). El pobretón alardea de su integridad, vive su minuto *wharholiano* de gloria, los demás admiran su generosa disposición, se hace un canto a la honradez del pobre contrastándola con la avaricia y maldad del poderoso y aquí paz y después gloria.

Para ilustrar el hecho traigo a colación algunos casos sacados de la prensa más o menos reciente: un vitoriano —según El Correo del 1/06/2016— «...puede retirar de la Policía la cantidad de 3.000 euros que había encontrado en la calle dos años antes y que no habían sido reclamadas por ningún ciudadano». También en la capital alavesa y en el mismo diario: «Un ciudadano magrebí, según la Policía Local, encontró la semana pasada una "importante cantidad de dinero" en la vía pública». Y todo en una ciudad relativamente pequeña como Vitoria. En Cádiz, otro ciudadano encuentra un sobre con una cantidad de dinero en la calle y lo entrega a la policía que busca a quién lo extravió, según La Voz de Cádiz (04/08/2015). En León, «una persona encuentra una importante cantidad de dinero en la calle y lo entrega a la Policía» (ileón.com 19/05/2013). Y la más extravagante de todas: en diciembre de 2013 un conocido jugador de póker «olvidó» en el asiento posterior de un taxi en Las Vegas una bolsa de papel de las que usan para llevar botellas de bebidas alcohólicas con el producto de las ganancias de la noche que ascendían a... 300.000 dólares, cantidad que el pringado taxista que hacía el turno de noche devolvió al olvidadizo cliente y que le reportó una propina de 2.000.

El minuto de fama del individuo honrado (o no) puede cogerle a este desprevenido, suponiendo una merma a su imagen pública si le coge desarreglado. El señor Rato, con sus muchas idas y venidas al juzgado vistiendo decorosos atuendos ha tenido numerosas oportunidades de matizar la imagen proyectada con su deficiente bañador amarillo sin braguero (hablo de la imagen física, que la moral ya es otra cosa), pero el ciudadano anónimo que vive su minuto de gloria tiene pocas posibilidades de modificar su imagen si la luz del foco le ha cogido de improviso. Este es el caso de una joven australiana que solucionó el evento de manera sorprendente e imaginativa.

VANITAS VANITATUM

Vanidad de vanidades, todo es vanidad.

Eclesiastés

Ocurrió en Sydney. Amy Sharp, de 18 años, se escapó de una comisaría de la ciudad en la que estaba retenida por robo —«delito contra la propiedad», en términos técnicos policiales—. A continuación, como es costumbre, la policía difundió unas fotos tomadas durante la detención en que la chica, con cara cansada, iba envuelta en una poco favorecedora manta rosa. Esto debió parecerle a Amy totalmente inaceptable, de modo que, fugitiva como estaba, envió al Facebook de la cadena *Australia's Chanel Seven* un mensaje, proporcionándoles la mejor foto de sí misma en la que aparecía mucho más mona y arreglada, con el educado requerimiento de que usaran la favorecedora imagen en vez de el adefesio policial para sus telediarios. Genial, la chica. Una cosa es que difundan tu imagen de delincuente, para lo que tienen derecho, y otra que usen una imagen execrable y desfavorecedora. ¡Con lo cuidadosos que somos a la hora de elegir la foto de nuestro perfil en la Red para que vengan ahora, en el momento en que se emite para todo el país, en el minuto de gloria (aunque dudosa), con una imagen zarrapastrosa tomada en horas bajas en comisaría!

¡Ay, la coquetería, hermana pequeña de la vanidad! Tan denostada y tan común. «El que niega su propia vanidad suele poseerla de forma tan brutal, que debe cerrar los ojos si no quiere despreciarse a sí mismo» decía Nietzsche de ella. Y es que no conozco a nadie que no lleve consigo su mochilita de vanidad. Eso sí, cada uno a su manera: de su imagen, de su reputación profesional, de su (relativo) éxito con los demás, de su fortuna, de su vigor, de su condición de líder, de sus muchos amigos, de sus logros, de su rol en el grupo, de su bondad y generosidad... Para mí, la vanidad es una fase atenuada e inofensiva de la arrogancia y de la soberbia. La vanidad es inocua y no suele tratarse sino de amor propio al descubierto. Hay quien trata de diferenciar entre vanidad y autoestima dándole a la primera un sentido negativo, como alimento del ego y a la segunda (la autoestima) una carga positiva como de alimento del espíritu. Chorradas. Se trata de la misma falacia que quienes tratan de argumentar la diferencia entre patriota y nacionalista atribuyendo al patriotismo lo bueno, lo valiente, lo gallardo, lo generoso, la entrega del individuo al bien común y al nacionalismo, por el contrario, la exaltación de la diferencia, el chovinismo, la racanería ante el otro...

Pero volvamos a la vanidad. En la filosofía y la literatura clásicas representa lo efímero, lo transitorio, lo terrenal, ante lo que se opone lo permanente, lo sólido, la vida eterna. A ello dedicó Jorge Manrique uno de los mejores poemarios medieval-renacentistas de la literatura española, Quevedo y Garcilaso algunos de sus sonetos más celebrados y otros maestros de la poesía, el teatro y la novela parte de sus obras.

En los momentos extremos, muestra la vanidad su verdadera potencia. Antes de ser guillotinada, una dama de la aristocracia francesa pidió un momento para retocarse el maquillaje, otra (Mdme. Du Barry) también pidió una pequeña prórroga con su famoso: *Encore un moment, Monsieur le bourreau, encore un moment*, no sabemos si para retocarse el maquillaje o para hacerse a la idea de que le iban a separar la cabeza del cuerpo, y María Antonieta, la pobre, pisó sin querer al verdugo, de lo que educadamente se excusó con un: «Disculpe señor, no lo hice a propósito». Yo te piso sin querer, tú me decapitas queriendo y yo te pido perdón: *Noblesse oblige*. De cualquier modo, la vanidad es terrenal, es transitoria, es inocua en la mayor parte de las ocasiones y es deliciosamente coqueta si no se lleva al extremo de la soberbia y la arrogancia, cualidades, estas sí, merecedoras de repudio en cuanto que conllevan el desprecio o menosprecio del semejante. Como dijo Sábato sobre la vanidad: «... es tan fantástica, que hasta nos induce a preocuparnos por lo que pensarán de nosotros una vez muertos y enterrados». Ahí es nada.

Curiosamente, hay personas que, siendo la antítesis de la vanidad, han ejercido con su trabajo una gran influencia en el reforzamiento o la demolición de la de muchas personas.

Para todo aquel que conozca la edición digital del New York Times y haya mirado los vídeos que ofrece el diario en portada en los últimos años, es imposible no reconocer su figura, tanto como a Melissa Clark y sus lecciones de cocina. Se trata del candoroso Bill Cunningham, que murió no hace mucho en su minúsculo apartamento de Manhattan. Con su sintonía característica, el simpático e influyente hombrecillo octogenario, equipado con una Nikon y su característica chaqueta azul, desplazándose en su inseparable bicicleta, presentaba unos vídeos con montaje de fotos encantadores sobre la moda; toda la moda: la moda de los ricos, la de los pobres, la moda de los salones, la de los desfiles de moda, la de los asistentes a los desfiles de moda, la de los corredores y público de la Maratón de la ciudad, la moda del Bronx, la de cualquier esquina de Brooklyn o Queens, la de los entierros y bodas, la de los adolescentes negros, hispanos, asiáticos y de cualquier persona del lugar o turista, de cualquier edad y condición que luciera y paseara un atuendo original por las calles de Nueva York. A veces hacía su vídeo semanal en lugares como París, Copenhague o San Francisco y aunque en su momento fue distinguido con la Orden de la Legión de Honor de la República Francesa, era tan neoyorquino como la Estatua de la Libertad. Vivía solo en un pequeñísimo piso lleno de negativos de películas, dormía en un catre de campaña y era tan conocido e influyente en la ciudad que Anna Wintour, la directora de Vogue, confesó en un documental sobre el fotógrafo: *we all get dressed for Bill* (todas nos vestimos para Bill) considerando «la muerte» el hecho de no merecer la atención de su cámara en cualquier evento. Pero, ojo, la cámara de Bill no iba siempre, o no sólo, a las supervestidas de Park Avenue. Le interesaban tanto estas mujeres como las que se encontraba de camino al trabajo o en las esquinas de Harlem o el Bronx siempre que hubiera imaginación y estilo personal en lo que llevaban puesto. También retrataba hombres. De vez en cuando pedía a sus ocasionales modelos que explicaran su atuendo y les grababa cortos vídeos de no más de unos segundos.

Nunca me ha interesado la moda, pero los testimonios callejeros de Bill Cunningham poseían un magnetismo y una sabiduría que trascendían el tópico de la ropa o el estilo de la misma manera que las crónicas taurinas del célebre Joaquín Vidal, cronista taurino fallecido en el 2000, colaborador de El País, eran seguidas no solo por aficionados a los toros sino por los aficionados a las palabras y la sonoridad del lenguaje colorista y campero. Bill Cunningham hablando de moda, Vidal de toros y si me apuran el ya largamente desaparecido Rodríguez de la Fuente de naturaleza animal, a pesar de la lejanía de sus campos de interés, tenían en común la pasión que ponían en su actividad y el candor y la maestría al comunicarlo. Y esto les hizo grandes.

Como grande fue Obama, figura que se verá aún más agrandada gracias al contraste con lo que ha venido después. Tras quince años de ninguneo (exactamente desde que Zapatero retiró de repente las tropas de Irak) ningún presidente norteamericano se había dignado en pisar suelo español. No sólo eso: el nefasto George W Bush no sólo dejó de hacerlo sino que pasó, de recibir a *Ánsar* en el rancho tejano, a no querer saber nada del Presidente español, ni en Texas ni en Washington ni en ningún otro lugar. Tras el largo periodo de ninguneo, Obama, en su último tramo de su segunda legislatura, decidió venir a nuestro país en visita oficial.

No era esta la primera vez que el Presidente visitaba a España. Cuando ejercía como trabajador social en la ciudad de Chicago, antes de entrar en la Facultad de Derecho de Harvard, el joven Barack, hijo de una chica blanquísima de Kansas y un estudiante keniata negro como la noche, se colgó una mochila y se lanzó a recorrer mundo. Se dirigía a Kenia a conocer sus orígenes, sus familiares y su media hermana, pero antes de adentrarse en África quiso cumplir el sueño de cualquier norteamericano: viajar por Europa. El joven Obama, cuenta en su libro *Dreams from my father,* visitó Londres, París, Roma, Madrid y Barcelona. Hizo el recorrido entre las dos ciudades españolas en autobús nocturno, lo más barato. Allí se encontró con un muchacho negro africano que se buscaba la vida como temporero en los campos de España y se creó un lazo de solidaridad entre un joven negro que no hablaba inglés y que recogía fruta a jornal y otro, mochilero, casi igual de pobre, que hablaba inglés estupendamente y que habría de convertirse en presidente del país más poderoso de la tierra. Al llegar a Barcelona, el africano le dio al americano un cepillo de dientes, una botella de agua y un peine. «Juntos nos lavamos bajo la neblina matinal…», escribe Obama. Y continúa: «Sólo era otro hombre hambriento lejos de su casa, uno de los numerosos hijos de las viejas colonias (…) que ahora rompían las barricadas de sus antiguos amos, organizando su propia invasión harapienta y caótica. Y sin embargo, cuando caminábamos hacia la Rambla, sentí que lo conocía mejor que a nadie; que, aunque viniésemos de partes alejadas del mundo, de alguna manera, hacíamos el mismo viaje». Los dos andrajosos anduvieron juntos el camino hacia Las Ramblas ajenos a lo que les deparaba a uno y otro el destino; como ajenas a los caprichos del destino eran también las almas de los transeúntes que se cruzaban con desagrado en la acera con dos jóvenes negros mal dormidos y sucios.

Con el paso de los años, uno de esos jóvenes llega convertido en Emperador del Mundo, el mismo que podía sentir el rechazo en la mirada de los desconocidos a flor de piel (negra) se las tuvo que ver luego con el agobio de las adulaciones de cortesanos pelotas que antes se apartaban con temor en la acera al paso del extranjero. ¡Lo que es la vida!

Hubo otro presidente americano, Bill Clinton, que en su juventud pasó una temporada como becario en Oxford. En aquella feliz época de viajes con mochila, el chico de Arkansas visitó Granada, y allí, en el Mirador de San Nicolás, entre tragos de litrona compartida, vendedores de artesanía, guitarras flamencas y de *country*, chicas mochileras como él, gitanas con un tallo de romero que te leen la mano quieras o no, turistas de Albacete, hippies frescos y trasnochados y otros individuos pintorescos, el joven vio el atardecer, con su Alhambra y su Sierra Nevada como fondo. El americano, ante tanto esplendor, creyó haber visto el cielo en la tierra. Y mantuvo la imagen del paraíso en sus ensoñaciones por mucho tiempo. Hasta que visitó España de manera oficial y la diplomacia le preparó la encerrona. Cerraron la plaza a los individuos inoportunos: es decir, a todos: las gitanas, los hippies, los turistas de Albacete..., le pusieron al Rey y otras autoridades al lado y se tuvo que tragar todo un atardecer con la Alhambra y la Sierra Nevada al frente y algún que otro héroe local a su lado practicando inglés. En ese momento, quizá, el Presidente se diera cuenta de varias cosas: en primer lugar, que el sol no caía tras la Sierra Nevada, tal y como él recordaba, sino a su espalda —lo que no tiene porqué desmerecer el resultado, más bien, al contrario—, dando cuenta de lo traicionera que puede ser la memoria; y en segundo lugar, del riesgo que supone tratar de revivir sensaciones del pasado reproduciendo el entorno. No hay noticias de que haya vuelto.

LÍDERES Y LIDERAZGOS

¡Qué gran torero en la plaza!

¡Qué buen serrano en la sierra!

¡Qué blando con las espigas!

¡Qué duro con las espuelas!

¡Qué tierno con el rocío!

¡Qué deslumbrante en la feria!

FEDERICO GARCÍA LORCA La sangre derramada

Llanto por Ignacio Sánchez Mejías (1935)

Y David ganó a Goliat. Hay ocasiones en que el pobre gana al rico. Sadiq Kahn, musulmán anglo-paquistaní, se proclamó, tras una relativamente cómoda victoria en las urnas, alcalde de Londres. El nuevo alcalde sustituye al fenómeno Boris Johnson, etoniano convertido en la cabeza visible del Brexit, aspirante a moverle la silla a su compañero de colegio David Cameron para ponerse él (lo que no llegó a conseguir) y finalmente Ministro jefe del Foreign Office con la difícil de tarea de desimbricar al Reino Unido de la Unión Europea, algo en lo que, en el fondo, nunca creyó.

Sadiq es hijo de inmigrantes paquistaníes que llegaron al Reino Unido en busca de futuro. Su padre trabajó durante 25 años como conductor de autobús, su madre era costurera y tuvieron ocho hijos. Vivían en una vivienda social, en Tooting, zona humilde del sur de Londres, en un piso de tres habitaciones, lo que hace fácil imaginar las condiciones en que el muchacho creció: si los padres ocupaban una habitación, quedaban dos más para los ocho hijos, lo que salen a 4 por habitación. Quizás por ese motivo el chico dejó la casa paterna en cuanto pudo. Antes, desde los dieciséis años y mientras vivía en Tooting, echaba una mano a la economía familiar repartiendo periódicos los fines de semana y de albañil en vacaciones de verano.

¿Y quién era su rival por el Partido Conservador? Exactamente la otra cara de la moneda; otro producto de Eton College, como Johnson y Cameron. Zac Goldsmith, de los Goldsmith de siempre, que nos suena a judío, a alemán y a millonario. Si el padre de Kahn era un modesto inmigrante conductor de autobús, el de Zac era Sir James *Jimmy* Goldsmith, que inspiró el personaje de Sir Larry Wildman en el film Wall Street de Oliver Stone. El tipo (el padre del candidato a alcalde) era una fuerza de la naturaleza. De familia rica, a los dieciséis años, siendo alumno también de Eton, ganó 8.000 libras en una estrambótica apuesta de caballos, lo que en aquella época era un dineral, de modo que dejó la escuela inmediatamente y se convirtió en hombre de negocios. En el pequeño discurso de despedida del internado dijo a sus compañeros: «Un hombre de mis posibles no puede continuar siendo un escolar». Después vino una carrera de éxitos en los negocios, tres matrimonios y algunas amantes. Su primer matrimonio fue con la boliviana Isabel Patiño y Borbón. Al pedir la mano a Don Antenor Patiño, magnate del estaño y padre de la novia, éste le espetó: «No tenemos costumbre de casarnos con judíos» (en nuestra familia), a lo que Goldsmith contestó: «Tampoco yo tengo por costumbre casarme con indias». De cualquier modo, el enlace se llevó a cabo a pesar del extravagante y poco alentador comienzo. Fue en su tercer matrimonio, con la que fuera su amante, Lady Annabel Birley, con quien tuvo tres hijos, cuando nació Zac (Zacharias). Al casarse con su querida se le atribuye la frase: «Quien se casa con su amante, deja una vacante libre». No sé quien sería la que ocupó el lugar de su recién estrenada esposa pero se rumorea que Sir James era el padre biológico de Lady Diana Spencer, de ahí su cercana relación con la madre y con la misma Princesa de Gales. Para contextualizar más el ambiente familiar de Zacharias apuntaremos que su hermano Benjamin (Ben) está casado con Emma Rothschild, hija del millonario Amstel Rothschild y Anita Guinness, de los Rothschild de toda la vida por un lado y los Guinness, los cerveceros irlandeses, por el otro. Dinero por todas partes. Y mucho.

La campaña por la alcaldía fue dura y el *tory* acusó al laborista de connivencia con los activistas islamistas. Ante la avalancha de críticas por sus objeciones a su filiación religiosa, Kahn contestó vía Twitter: «No hace falta que me señales como musulmán. Yo mismo lo pongo en mis folletos». Y Londres, la gran metrópoli multicultural y multirracial de Europa, en un gesto de grandeza, como si del cuento de Blancanieves se tratara, le dio la victoria al hijo del autobusero por delante del purasangre del *establishment.*

El ataque al anglopaquistaní me recordó la irrupción de Trump en la política. No sé si se acordarán, pero Trump presentó sus credenciales denunciando el hecho de que Obama no había nacido en territorio de EEUU, lo que le inhabilitaba para presidente, hecho que el entonces presidente desmintió aportando una certificación de nacimiento expedida en Hawaii, lugar donde su madre, la blanquísima chica de Kansas, dio a luz al bebé Barack. En su ilusoria obsesión por la pureza de sangre americana, Donald acusó a su rival Ted Cruz de haber nacido…en Canadá, otra ofensa para alguien como Trump que sólo parece querer otorgar la pureza de sangre a los que provienen del País del Tupé, de donde vienen él, Elvis, Anasagasti, Ortega y Gasset y Prince. Y al padre de Cruz (su rival republicano en la carrera), ¿a ver si lo adivinan? Exacto:

de haber matado a Kennedy. ¿De qué no acusaría a Rubalcaba si pasara por allí?

Que ya no hay líderes como los de antes entre nuestros políticos es algo instalado en el imaginario colectivo. Se escucha en las tertulias radiofónicas, en los comentarios de los bares y los chascarrillos de Internet: que éstos de ahora son unos inútiles, que Albert, Pablo, Carles, Susana, Mariano, Pedro y los demás son unos enanos políticos en tanto que los líderes de antaño sí que eran capaces de sacar a los pueblos de cualquier atolladero con sus iniciativas audaces y mentes preclaras. Patrañas. Bienaventurado el país que no necesita líderes; son los que mejor funcionan. No recuerdo el nombre de ningún político sueco después de Olof Palme. Ni finlandés. Ni siquiera el de la Presidenta danesa que se sacó el simpático *selfie* con Obama bajo la iracunda mirada de Michele. Sí recuerdo, en cambio, grandes líderes llamados Franco, Hitler, Stalin, Chávez y Castro. También líderes democráticos como Churchill o De Gaulle. Quizás Mitterrand tuvo el aura, aunque nunca se supo si en realidad no se trataba de un barniz de hermetismo alimentado por puro cinismo.

¿Recuerdan a Suárez? ¿A ese gigante de la política tan bueno y tan capaz devastado al final por el Alzheimer, que se paseó por el jardín de su casa con el brazo amigable de Juan Carlos sobre sus hombros y que ha dado nombre al aeropuerto de Madrid-Barajas? Pues bien, algunos de ustedes —por edad— no lo sabrán, pero ese «enorme» estadista fue el político más vituperado de la historia democrática de España. Guerra, rival político, le bautizó como *Tahúr del Mississipi* y uno de sus comilitones, un tiburón de la derecha, le ninguneaba con la afirmación de que «había leído menos libros de los que él (el tiburón) había escrito». Este era el crédito que le otorgaban en su tiempo al hoy alabado estadista, los suyos y los contrarios. Su descrédito era tal que, en una ocasión que le vi en mi ciudad a propósito de la celebración del Día de las Fuerzas Armadas, el abucheo que le dedicó el pueblo fue atronador, por lo unánime. Unos, bajo el grito de «Viva la Guardia Civil» nunca le perdonaron que accediera a la legalización del Partido Comunista y otros no dejaron jamás de llamarle facha porque había sido cuadro del Movimiento. ¡Ay, esa generosa España, enemiga del punto medio y de la conciliación, siempre dispuesta a la indignación, embistiendo con toda la ira de que es capaz…!

¿Y los otros gigantes de la Transición? Carrillo era odiado por media España y un cuarto, que nunca le perdonó su papel en la Cruzada Nacional y a Fraga se le odiaba por todo lo demás: por su soberbia, porque la calle fue suya, porque la tele también y la prensa y toda la propaganda del franquismo que había controlado en su etapa de Ministro del Dictador. En cuanto a Isidoro, la otra pata de la mesa, ya ven en que ha evolucionado. El líder, si tiene madera, mejora con el tiempo y, para bien o para mal, se convierte en una institución nacional y no en un pedazo de carne fofa desplazándose en primera clase rumbo a Sudamérica entre Consejo y Consejo de Administración. Esos eran, para los españoles, los grandes líderes de la Transición. Esos, y un rey cazador, campechano y mujeriego que había leído la misma cantidad de libros que algún compañero de filas atribuía a Suárez.

Algunos miran hacia atrás y, no conformes con restregarnos los ídolos de la Transición, recurren a la República y traen a colación a Azaña y otros. Bien, Azaña fue un tipo honesto, de eso no hay duda. Era lúcido, culto y sabía hacer discursos sin apunte alguno: en el Ateneo, en las Cortes y dónde fuera. Además escribía libros. No tantos (en proporción) como Cassano, el exjugador italiano del Real Madrid, que se jactaba de haber escrito más libros de los que había leído en su vida (había escrito dos, uno de ellos de aforismos), pero Azaña los escribía. Y bastante buenos. ¿Y era querido? Pues, no tanto. A pesar de invocar en esta España de cara de perro a la Paz, Piedad y Perdón, o quizás por ello mismo, su cultura, su racionalidad y su sensibilidad estética le acreditan como protagonista para selectas minorías (...), le criticaron siempre las derechas, tachándole de revolucionario, anticlerical e intransigente. Para las izquierdas no dejó de ser «un burgués liberal, legalista y utópico...» según Juan Salabert, prologuista de su obra *Memorias políticas y de guerra*. ¿A que les suena la historia?

Hay quien mira afuera y traen a colación a Churchill (el Bulldog Británico), que viene a ser una versión belicosa de nuestro Azaña, por cuanto tuvo de inspirador del pueblo británico y conductor de la victoria aliada sobre Hitler. Nada que objetar. Tuvo el temple, desde el primer momento de la guerra de no aceptar, no ya la derrota, sino ni siquiera el armisticio. Para él fue la victoria o nada, llevando a la muerte a cientos de miles de civiles alemanas y causando la destrucción de sus ciudades. Y, para muchos, acertó. Enhorabuena. También obtuvo el Premio Nobel de literatura aunque, a decir verdad, también lo ganó Echegaray y, ¿quién se acuerda hoy? En cambio, nunca se le dio a Borges a pesar del clamor. El gran Churchill (que tanto decía amar a su pueblo) no supo ver, por contra, la necesidad de un servicio médico y una educación para todos, y tuvo que venir un mediocre, un hombre menor en el Olimpo de los líderes, Clement Attlee, para conceder la gracia al pueblo británico de médico y maestro. Para que vean.

EPÍLOGO

Este libro viene a ser una síntesis de los artículos publicados en el blog de mi autoría, *ismaelitasyfilisteos,* en los últimos meses de 2016 y primeros de 2017. El nombre del blog (tan estrafalario) responde a la intención de aludir al cajón de sastre en el que yo pretendía que este se convirtiera desde el momento en que lo creé. Vendría a ser algo así como "moros y cristianos", "romanos y cartagineses", "churras y merinas" o "chiitas y sunitas"; es decir: cuya temática va de esto, de lo otro y de lo de más allá. Este era mi propósito a la hora de crear el blog: hablar de lo que me viniera en gana. Sin constreñimiento temático alguno.

Ahora bien; a lo largo de los meses, escribiendo de manera libre y sin el encargo ni la respiración en el pescuezo de editor alguno, uno se da cuenta de que los temas, de manera inadvertida y sin que uno se lo proponga, se repiten. Es producto de nuestras manías, de nuestra manera de ser y pensar y, ¿por qué no?, de la propia ideología que subyace y que impregna el diario quehacer.

De ahí, los temas: *De héroes y villanos, Los guardianes de la moral, Números, cifras y cantidades y El tiempo y el azar,* temas en apariencia dispares e inocuos pero que vienen a mostrar, o, más bien, a subrayar en rojo, la pintoresca variedad de la conducta humana: sus grandezas y miserias; sus contradicciones, filias y fobias; sus mascaradas y ruines maledicencias; sus innegables virtudes y vicios inconfesables. Pero, sobre todo, es un intento de poner la lupa en muchas de las cosas que nos pasan inadvertidas, escondidas debajo de los grandes titulares, y que espolean la curiosidad de tipos como yo (y no soy el único) a los que nos gusta leer entre líneas. O mejor aún, que "solo" prestamos atención a lo que viene entre líneas. Porque los titulares ya los comentan individuos demasiado seguros de sí mismos como para ser tomados en serio y porque creemos que es ahí, entre las líneas de los diarios y en lo que "no" se dice en los noticiarios, donde se encuentra la verdad, o algún que otro trazo de ella.

EL AUTOR